**Babel Books**

 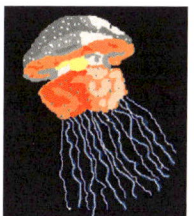 

# Children's Illustrated Modern

## English-Polish
## Polish-English

 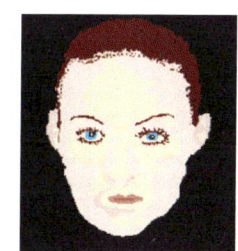

# Dictionary

By: The Editors of Babel Books, Inc.

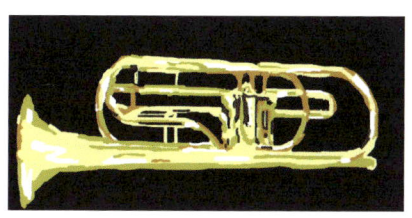 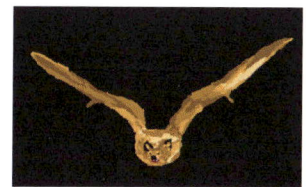

Compiled and Translated by : The Editors of Babel Books, Inc.

Illustrated by : Yoselem G. Divincenzo

Copyright © 2008 Babel Books, Inc.

1st Edition

All rights reserved

ISBN 978-0-9800127-3-6

Printed in the United States

For information, address:

Babel Books, Inc.

93-64 204th St.

Hollis, NY 11423

Website: www.babelbooks.us

## Introduction

Children's Illustrated Modern English-Polish/Polish-English Dictionary was created based on the necessity that every child needs to build self confidence and motivation on the critical years of kindergarten to third grade; as well for adults learning English or Polish as a second language.

The words utilized were carefully selected to fit into the age-appropriateness. It summarizes how to successfully learn the new language introducing the idea of alphabetical order to be prepared for a higher-level dictionary; containing a variety of everyday words with colorful illustrations that will help children develop interest in letter, sounds, reading and writing. The new colorful art illustrations will bring words to life making the learning process interesting and entertaining.

## Wprowadzenie

Dzieci Zilustrowany Nowoczesny Język angielski - Polski / Polski - Język angielski Słownik był powodować oparty na konieczność ów każdy dziecko potrzeby do budować jaźń zaufanie i motywacja na ogromnej ważny lata od ogródek dziecięcy wobec trzeci stopień; również dorośli wiedza Język angielski albo mowa.

Ten słowa użytkować byliśmy troskliwie wybrany zgadzać się w ten wiek odpowiedni. Ono reasumuje jak wobec pomyślnie nauczyć się ten nowy język wprowadzanie ten idea od alfabetyczny klasa zostać przygotowywać dla wysoki wypoziomować słownik; zawieranie pewien rozmaitość od codzienny słowa przy koloru ilustracje ów wola współpracownik dzieci rozwijać zainteresowanie w oznaczać, dźwięki, czytanie i pismo. Ten nowy pstry sztuka ilustracje wola przynosić słowa do życie wykonaniem ten wiedza przebieg zainteresowanie i zabawa.

## Contents:

Polish Pronunciation- Język Angielski Wymowa...................4

English-Polish Dictionary.................................................5

Polski - Język Angielski Słownik.......................................70

The Alphabet- Ten Alfabet..............................................78

The Numbers- Ten Liczby...............................................78

The Colors- Ten Kolory...................................................78

The Family- Ten Rodzina................................................78

The Days of the Week- Ten Czasy Od Ten Tydzień.............79

The Months of the Year- Ten Miesiące Od Ten Rok.............79

The Seasons- Ten Pory..................................................79

# Polish Pronunciation

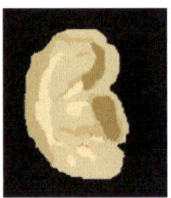
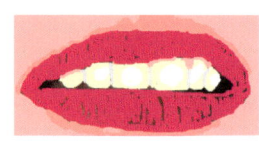

| | | | | | |
|---|---|---|---|---|---|
| a | u as in English "fun" | f | f as in English "farm" | s | s as in English "sad" |
| ą | on as in English "long" | g | g as in English "gap" | ś | sh as in English "ship" |
| b | b as in English in "bed" | h | ch as in English "loch" | t | t as in English "top" |
| c | ts as in English "bits" | i | ee as in English "feed" | u | oo as in English "moon" |
| ć | ch as in English chair | j | y as in English "yes" | w | v as in English "vat" |
| d | d as in English "doll" | k | k as in English "kite" | y | ee as in English "need" |
| e | e as in English "red" | l | l as in English "lamb" | z | z as in English "zip" |
| ę | en as in English "sense" | ł | w as in English "wet" | ź | s as in English "treasure" |
| | | m | m as in English "man" | ż | si as in English "television" |
| | | n | n as in English "name" | | |
| | | ń | ny as in English "canyon" | | |
| | | o | o as in English "hot" | | |
| | | ó | u as in English "push" | | |
| | | p | as in English "pie" | | |
| | | r | r as in English "rat" | | |

## Język Angielski Wymowa

| | | | | | |
|---|---|---|---|---|---|
| a | a równie po polsku "anioł" | i | i równie po polsku "lis" | q | k równie po polsku "kogut" |
| b | b równie po polsku "banan" | j | y równie po polsku "wentylator" | r | r równie po polsku "róża" |
| c | k równie po polsku "oko" | k | k równie po polsku "kot" | s | s równie po polsku "schodek" |
| d | d równie po polsku "doktor" | l | l równie po polsku "liść" | t | t równie po polsku "telefon" |
| e | i równie po polsku "bizon" | m | m równie po polsku "motyl" | u | u równie po polsku "muszelka" |
| f | f równie po polsku "filiżanka" | n | n równie po polsku "nos" | v | w równie po polsku "rower" |
| g | g równie po polsku "wstęga" | o | o równie po polsku "orchidea" | w | ł równie po polsku "ława" |
| h | h równie po polsku "homar" | p | p równie po polsku "papuga" | y | i równie po polsku "pies" |
| | | | | z | z równie po polsku "zebra" |

# A

**airplane** *(eir-plein)*
**samolotu** *(sah-moh-loh-too)*

**alligator** *(a-li-ge-ii-ror)*
**aligator** *(ah-lee-gah-tohr)*

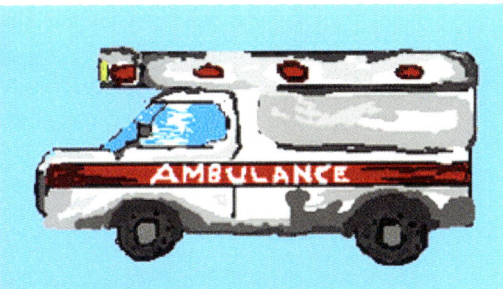
**ambulance** *(am-biu-lans)*
**ambulans** *(ahm-boo-lahns)*

**angel** *(ein-śol)*
**anioł** *(ah-nee-ohl)*

**ant** *(ant)*
**mrówka** *(mroof-cah)*

**apartment** *(a-part-ment)*
**apartament** *(ah-pahr-tah-ment)*

**apple** *(a-pol)*
**jabłko** *(ee-ah-boo-coh)*

**aquarium** *(ah-kue-rium)*
**akwarium** *(ahk-wah-ree-oom)*

# A

**arc** *(ark)*     **łuk** *(ook)*

**ark** *(ark)*     **arka** *(ahr-kah)*

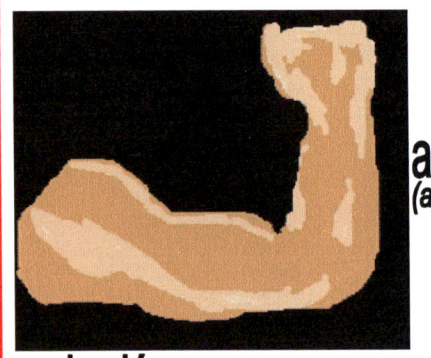

**arm** *(arm)*

**uzbroić** *(ooz-broh-eech)*

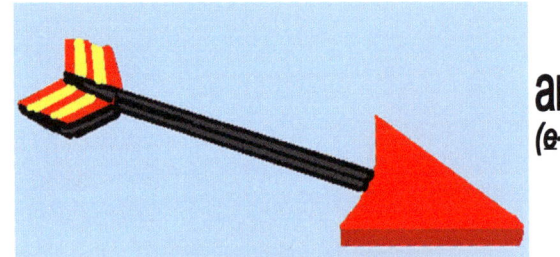

**arrow** *(e-rou)*

**strzała** *(s-trah-wah)*

**athlete** *(a-tlit)*

**atleta** *(ah-tleh-tah)*

**automobile** *(au-ro-mo-bil)*
**samochód** *(sah-moh-hoot)*

**autumn** *(o-rom)*

**jesień** *(ee-shee-ehn)*

**award** *(a-word)*

**nagroda** *(nah-groh-dah)*

# B

**baby** *(bei-bi)*
**niemowlę** *(nee-eh-moh-vleh)*

**backpack** *(bak-pak)*
**plecak** *(pleh-zahk)*

**bag** *(bag)*
**torebka** *(toh-rehb-kah)*

**ballet** *(ba-let)*
**balet** *(bah-leht)*

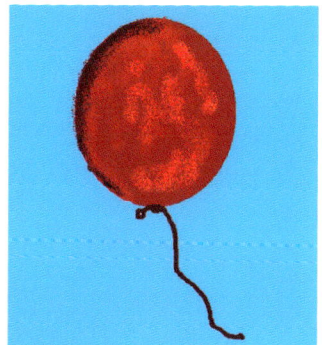

**balloon** *(ba-lun)*
**balon** *(bah-lohn)*

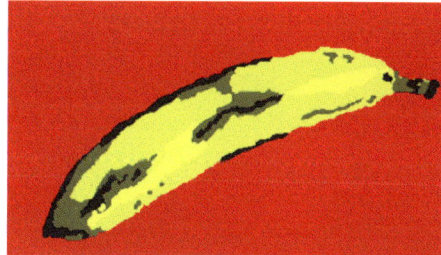

**banana** *(ba-na-na)*
**banan** *(bah-nahn)*

**bandage** *(ban-desz)*
**wstęga** *(s-tehn-ga)*

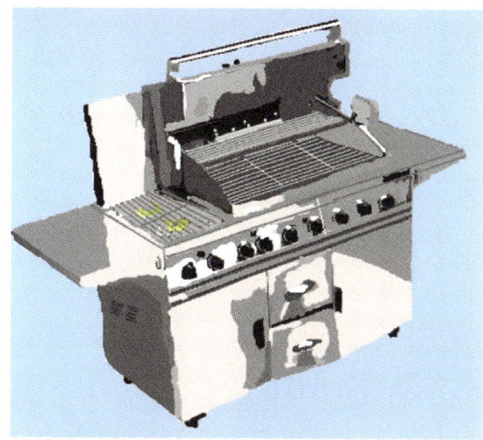

**barbecue** *(bar-bi-kiu)*
**rożen** *(roh-shehn)*

# B

barn *(barn)*  stodoła *(s-toh-doh-ah)*

basket *(bas-ket)*

koszyk *(koh-sheek)*

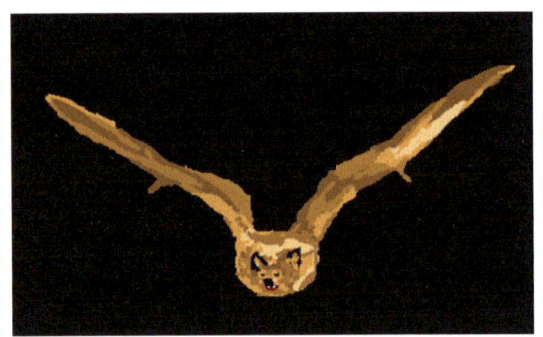
bat *(bath)*

nietoperz *(nee-eh-toh-pesh)*

battery *(ba-re-ri)*

bateria *(bah-teh-ree-ah)*

bear *(bear)*  niedźwiedź *(nee-eh-chee-veech)*

bed *(bed)*  łóżko *(oosh-koh)*

bee *(bii)*

pszczoła *(ps-troh-ah)*

bell *(bel)*

dzwon *(z-gohn)*

**B**

belt *(belt)*
pasek *(pah-sehk)*

bench *(bensh)* ława *(oo-ah-vah)*

beetle *(bi-rol)*
chrząszcz *(shoh-oost)*

bicycle *(bai-si-kol)*
rower *(roh-vehr)*

binoculars *(bai-no-kiu-lars)*
lornetka *(lohr-neht-kah)*

bird *(berd)*
ptak *(p-tahk)*

biscuit *(bis-ket)*
biskwit *(beesk-weet)*

bison *(bai-son)*
bizon *(bee-zohn)*

9

**blackberry** *(blak-be-rri)*
**jeżyna** *(ee-eh-sheh-nah)*

**blacksmith** *(blak-smeth)*
**kowal** *(koh-vahl)*

**boat** *(bout)*
**szalupa** *(szah-loo-pah)*

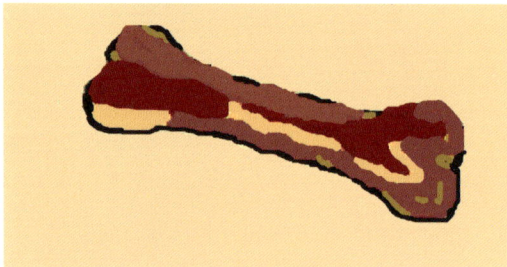

**bone** *(boh-un)*   **kość** *(kosch)*

**book** *(buk)*

**książka** *(kshosh-kah)*

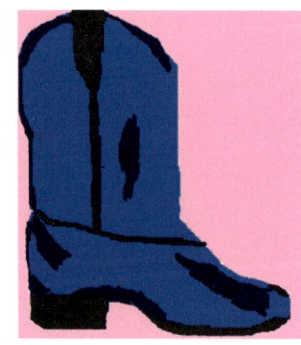

**boot** *(but)*

**cholewa** *(coh-leh-vah)*

**bottle** *(ba-rol)*

**butelka** *(boo-tehl-cah)*

**bouquet** *(bu-ket)*

**bukiet** *(boo-kee-eht)*

10

**bowl** *(boul)* **czara** *(thzah-rah)*

**bracelet** *(breis-let)*
**bransoletka** *(brahn-soh-leht-kah)*

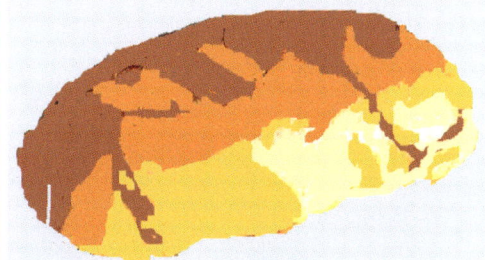

**bread** *(bred)* **chleb** *(clehb)*

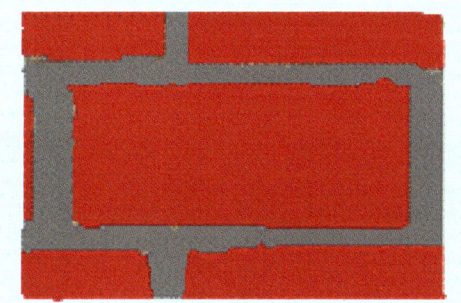

**bricks** *(briks)*

**cegły** *(teh-goo-eh)*

**broccoli** *(bro-ko-li)*

**brokuły** *(broh-coo-ehl)*

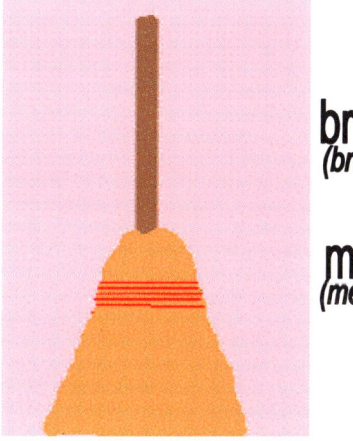

**broom** *(brum)*

**miotła** *(mee-oh-too-ah)*

**bucket** *(ba-ket)*

**wiadro** *(vee-ah-droh)*

**bulb** *(bolb)*

**ozdoba** *(ohz-doh-bah)*

11

burglar *(ber-gler)*

włamywacz *(goo-ah-meh-vahch)*

bus *(bas)*   autobus *(ah-oo-toh-boos)*

butter *(ba-ter)*

masło *(mahs-oo-oh)*

butterfly *(ba-rer-flai)*

motyl *(moh-teel)*

cabbage *(ka-becz)*

kapusta *(kah-poos-tah)*

cabinet *(ka-bi-net)*

gabinet *(gah-bee-neht)*

cactus *(cakts)*

kaktus *(kahk-toos)*

cage *(keicz)*

klatka *(klaht-kah)*

# C

cake
*(keik)*

tort
*(tohrt)*

calf
*(kalf)*

cielę
*(chee-eh-leh)*

camel *(ke-mol)*  wielbłąd *(vee-ehl-bohnt)*

camera
*(ka-me-ra)*

kamera *(kah-meh-rah)*

can
*(ken)*

puszka metalowa
*(poosh-kah/meh-tah-loh-vah)*

canary
*(ke-ne-ri)*

kanarek
*(kah-nah-rehk)*

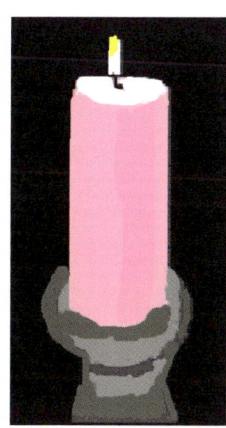

candle
*(ken-dol)*

świeca
*(shvee-eht-zah)*

candy
*(ken-di)*

cukierek *(zoo-kee-eh-rehk)*

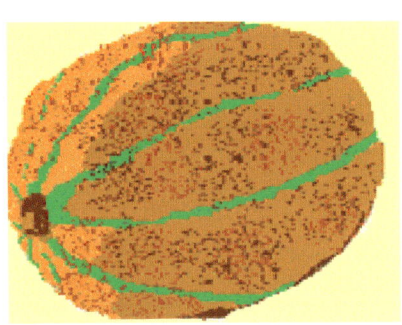

**canoe** *(ka-nu)*     **łódka** *(wood-kah)*

**cantaloupe** *(ken-ta-lop)*
**kantalupa** *(kahn-tah-loo-pah)*

**carnation** *(car-nei-czion)*
**goździk** *(gohsh-eek)*

**carpet** *(car-pet)*

**dywan** *(dee-vahn)*

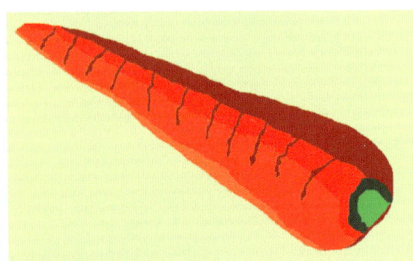

**carrot** *(ke-rrot)*
**marchew** *(mahr-hehf)*

**castle** *(ka-sol)*

**zamek** *(zah-mek)*

**cat** *(kat)*
**kot** *(koht)*

**caterpillar** *(ka-rer-pi-ler)*
**gąsienica** *(goh-she-ehn-zah)*

14

# C

chair
*(ćer)*

krzesło
*(sheh-soo-oh)*

cheese
*(ćiis)*

ser
*(sehr)*

cheetah *(ći-ra)*   gepard *(geh-pahrt)*

cherry
*(će-rri)*

wiśnia
*(veesh-nee-ah)*

chess *(ćes)*   szachy *(shah-koo-eh)*

chicken *(ći-ken)*   kurczak *(poo-loh)*

chimney
*(ćim-ni)*

komin *(koh-meen)*

chimpanzee
*(ćim-pan-zi)*

szympans *(sheem-pahns)*

# C

**chocolate** *(ćo-ko-leit)*
**czekolada** *(cheh-coh-lah-dah)*

**church** *(ćorch)*

**kościół** *(kohs-choo)*

**circus** *(zer-kus)*

**cyrk** *(ceerk)*

**clock** *(klok)*

**zegar** *(zeh-gahr)*

**cloud** *(klaud)*  **obłok** *(oh-boo-ohk)*

**clown** *(klaun)*

**pajac** *(pah-yahtz)*

**cobweb** *(kob-ueb)*

**pajęczyna** *(pah-eentch-nah)*

**coconut** *(ko-ko-nat)*
**kokosowy** *(koh-koh-soh-vee)*

16

# C

comb *(komb)*

grzebień *(sheh-bee-ehn)*

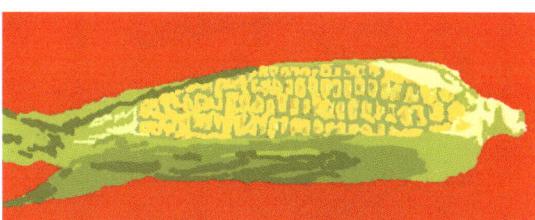
corn *(korn)*    ziarno *(yahr-noh)*

cow *(kau)*    krowa *(kroh-vah)*

cowboy *(kau-boi)*

kowboj *(kohv-boy)*

crab *(krab)*    krab *(krahb)*

cracker *(kra-ker)*

herbatnik *(her-baht-neek)*

crib *(krib)*

kołiska *(koh-lees-kah)*

crocodile *(kro-ko-dail)*
krokodyl *(kroh-koh-deel)*

17

## C

cross *(kros)*   krzyż *(shehsh)*

crown *(kraun)*

korona *(koh-roh-nah)*

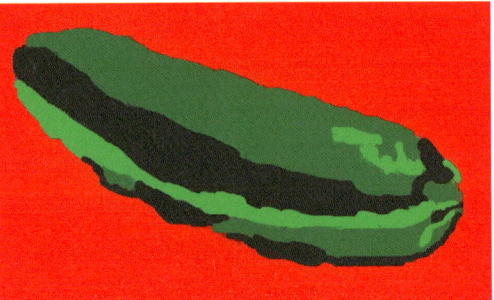

cucumber *(kiu-kum-ber)*
ogórek *(oh-goo-rehk)*

cup *(kap)*

filiżanka *(phee-lee-shan-kah)*

## D

daisy *(dei-si)*

stokrotka *(stroh-koht-kah)*

deer *(dii-er)*   jeleń *(ee-eh-lehn)*

desk *(desk)*

biurko *(bee-oor-coh)*

dice *(dais)*

kostki *(kohst-kee)*

**disk** *(disk)*
**dischetto** *(dees-keh-toh)*

**doctor** *(doc-tor)*
**doktor** *(dohc-tohr)*

**dog** *(dog)*
**pies** *(pee-ehs)*

**doll** *(doll)*
**lalka** *(lahl-kah)*

**dolphin** *(dol-fin)*
**delfin** *(dehl-pheen)*

**domino** *(do-mi-no)*
**domino** *(doh-mee-noh)*

**donkey** *(don-qui)*
**osioł** *(oh-shohl)*

**door** *(door)*
**drzwi** *(drzee)*

**envelope** *(en-ve-lop)*
**koperta** *(koh-pehr-tah)*

**escalator** *(es-ka-lei-ror)*
**schody** *(s-hoh-deh)*

**eskimo** *(es-ki-mo)*
**eskimos** *(ehs-kee-mohs)*

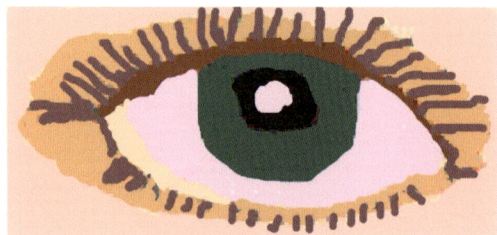

**eye** *(ai)*
**oko** *(oh-koh)*

# F

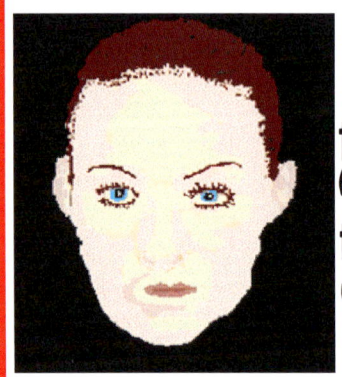

**face** *(feis)*
**twarz** *(twash)*

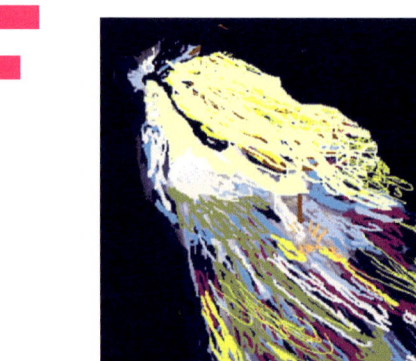

**fairy** *(fe-ri)*
**czarodziejka** *(chah-roh-she-cah)*

**falcon** *(fal-kon)*
**sokół** *(soh-koo)*

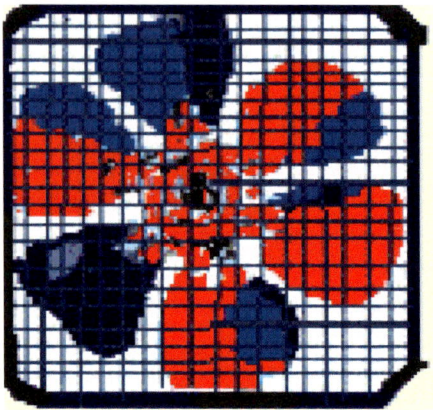

**fan** *(fen)*
**wentylator** *(vehn-tee-lah-tohr)*

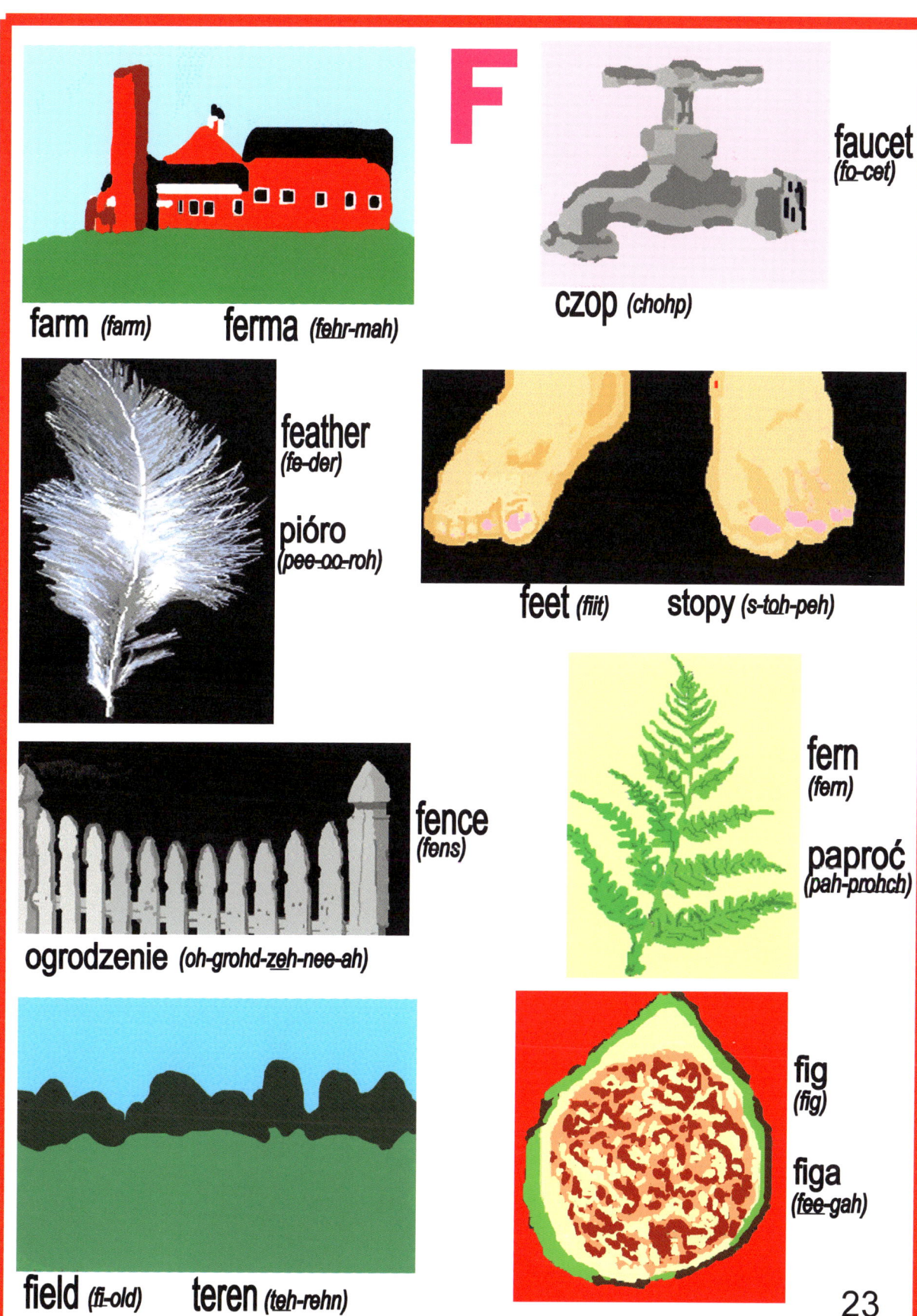

# F

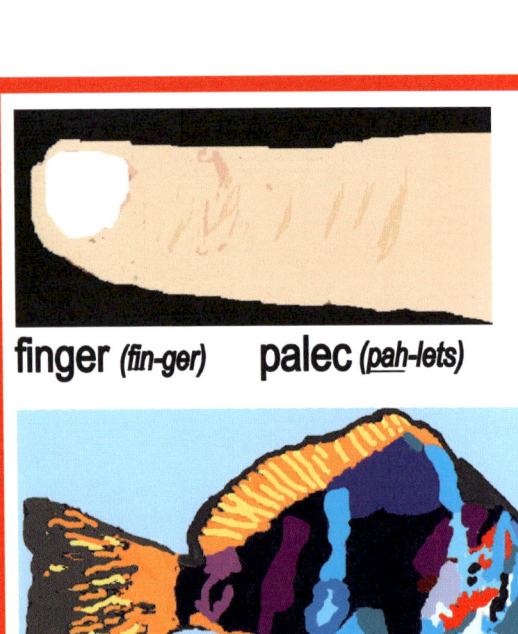

finger *(fin-ger)*  palec *(pah-lets)*

fire *(fa-ier)*  ogień *(oh-gee-ehn)*

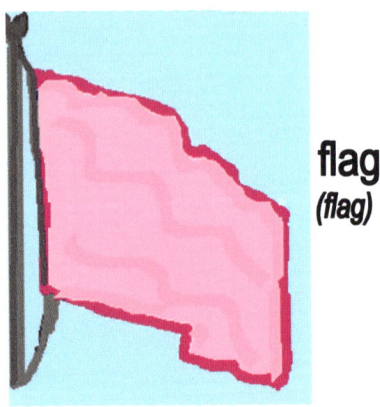

fish *(fiż)*  ryba *(ree-bah)*

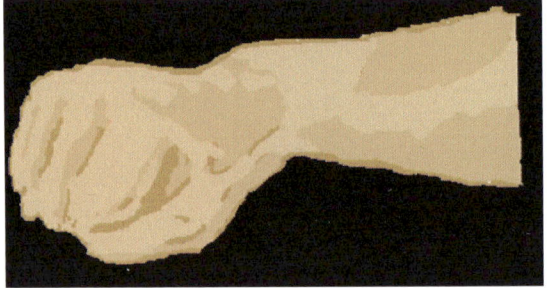

fist *(fist)*  pięść *(peesch)*

flag *(flag)*

flaga *(flah-gah)*

flamingo *(fla-min-go)*

flaming *(flah-meeng)*

flashlight *(flaż-lait)*

latarka *(lah-tahr-kah)*

flower *(fla-uer)*

kwiat *(kee-aht)*

# F

**fly** *(flai)* **mucha** *(moo-hah)*

**forest** *(fo-rest)*

**zalesiać** *(zah-leh-see-ahch)*

**fork** *(fork)*

**widelec** *(vee-deh-lets)*

**fox** *(fox)*

**lis** *(lees)*

**frame** *(freim)*

**oprawiać** *(oh-prah-vee-ahch)*

**frog** *(frog)*

**żaba** *(shah-bah)*

**fruit** *(frut)* **owoc** *(oh-vohts)*

**furniture** *(for-ni-czur)*
**meble** *(meh-bleh)*

25

# G

**garage** *(ga-rash)*
**garaż** *(gah-rahsh)*

**garden** *(gar-den)*   **ogród** *(oh-grood)*

**garlic** *(gar-likk)*

**czosnek** *(chohs-nek)*

**gate** *(geit)*   **brama** *(brah-mah)*

**gazelle** *(ga-zel)*   **gazela** *(gah-zeh-lah)*

**geranium** *(że-re-ni-um)*

**pelargonia** *(pehr-lahr-goh-nee-ah)*

**gift** *(gift)*

**upominek** *(oo-peh-nee-mehk)*

**giraffe** *(żi-raf)*

**żyrafa** *(she-rah-pha)*

# G

gladiolus *(gla-dio-los)*

gladioulus *(glah-dee-oh-lohs)*

glasses *(gla-ses)*

okulary *(oh-koo-lah-reh)*

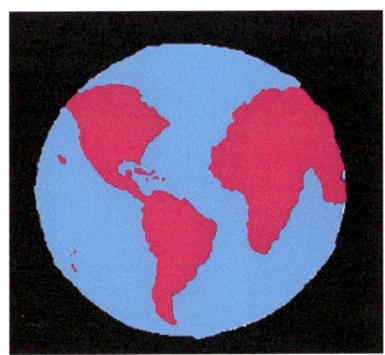

globe *(glob)*

globus *(gloh-boos)*

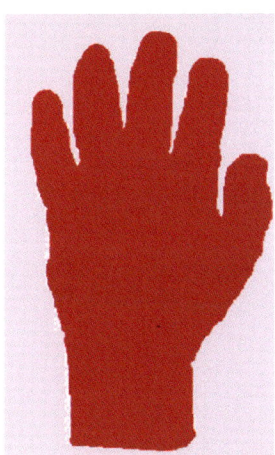

glove *(glouv)*

rękawiczka *(reh-kah-vihch-kah)*

goat *(gout)*   koza *(koh-zah)*

goblet *(ga-blet)*

kielich *(kee-eh-lee-h)*

goose *(gus)*   gęś *(gehnsh)*

grapes *(greips)*
winogrona *(vee-noh-groh-nah)*

27

# G

**grass** *(gras)* **trawa** *(trah-vah)*

**grasshopper** *(gra-żo-per)*
**konik polny** *(koh-neek/pohl-neh)*

**guitar** *(gi-tar)*
**gitara** *(gee-tah-rah)*

**gull** *(goul)*

**mewa** *(meh-vah)*

# H

**ham** *(ham)* **szynka** *(sheen-kah)*

**hamburger** *(ham-bur-gher)*
**siekany** *(chee-eh-kah-neh)*

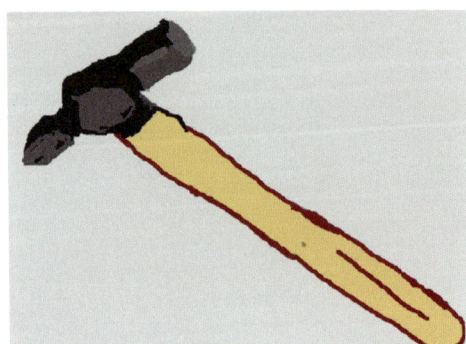

**hammer** *(ha-mer)*
**uderzać** *(oo-dehr-sahch)*

**hammock** *(ha-meck)*
**hamak** *(hah-mahk)*

# H

**hamster** *(hams-ter)*
**chomik** *(hoh-meek)*

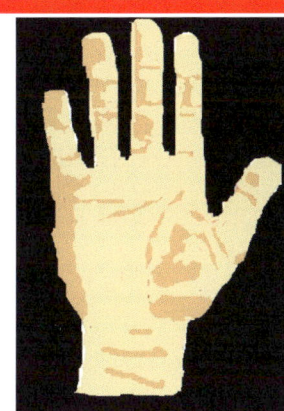

**hand** *(hand)*
**dłoń** *(doo-oh-nee)*

**handbag** *(hand-bag)*
**torebka** *(toh-rehb-kah)*

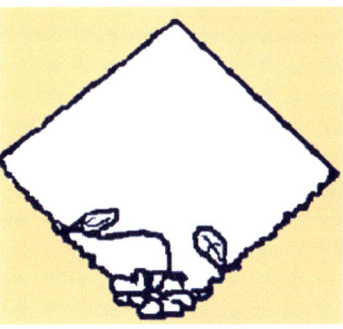

**handkerchief** *(hand-ker-kif)*
**chustka do nosa** *(hootska/doh/noh-sah)*

**hare** *(her)*
**zając** *(zah-ee-ohns)*

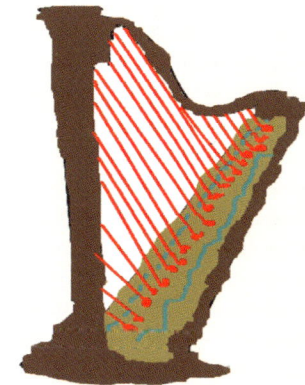

**harp** *(harp)*
**harfa** *(hahr-phah)*

**hat** *(jat)*
**kapelusz** *(kah-peh-lush)*

**hawk** *(hak)*
**sokołem** *(soh-kohl-em)*

# H

hay *(hey)*    siano *(she-ah-noh)*

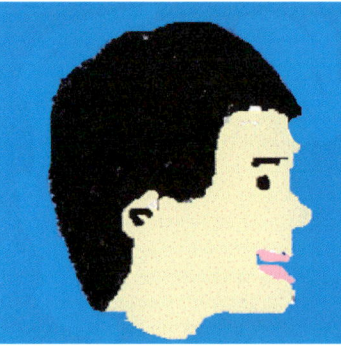
head *(hed)*
głowa *(goo-oh-vah)*

heart *(hart)*
serce *(sehr-ceh)*

hedgehog *(hedż-hog)*
jeż *(ee-ehsh)*

helmet *(hel-met)*
kask *(kahsk)*

hen *(hen)*
kura *(koo-rah)*

highway *(hai-uei)*
autostrada *(ah-oo-tohs-trah-dah)*

hoe *(hou)*
motyka *(moh-tee-cah)*

# H

honey *(ja-ni)*
miód *(mee-ood)*

hook *(huk)*
haczyk *(hah-cheek)*

horn *(jom)*   trąbka *(trohb-kah)*

horse *(hors)*
koń *(kohn)*

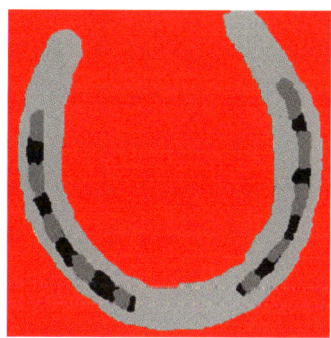
horseshoe *(hors-żuu)*
podkowa *(pohd-koh-vah)*

hourglass *(aur-glas)*
klepsydra *(klehp-see-drah)*

house *(haus)*
dom *(dohm)*

hydrant *(hai-drant)*
hydranty *(hee-drahn-teh)*

# I

ice cream *(ais/krim)*
lody *(loh-deh)*

ice cubes *(ais/kiubs)*
lód kostki *(lood/kohst-kee)*

ice skates *(ais-ske-its)*
lód łyżwy *(lood/toosh-veh)*

igloo *(ai-glu)*
iglo *(ee-gloh)*

incense *(in-cens)*
kadzidło *(kah-chee-doo-oh)*

iris *(ai-ris)*
irys *(ee-rehs)*

iron *(ai-ron)*
wyprasować *(vee-prah-soh-vahch)*

island *(ai-land)*   wyspa *(vees-pah)*

# J

jack in the box
*(żak/in/de/box)*

figura wyskakująca z pudełka
*(fee-goo-rah/vees-ka-coo-ah-zah/z/poo-dehl-kah)*

jackal *(ża-kol)*    szakal *(shah-kahl)*

jacket
*(ża-ket)*

żakiet
*(shah-kee-eht)*

jaguar *(ża-guar)*
jaguar *(ee-ah-goo-ahr)*

jail
*(żeil)*

więzienie
*(vee-she-nee-eh)*

jam
*(żam)*

dżem
*(shehm)*

jar
*(żar)*

słój
*(soo-ee)*

jasmine
*(shahs-meen)*

jazmin *(ee-ahz-meen)*

# J

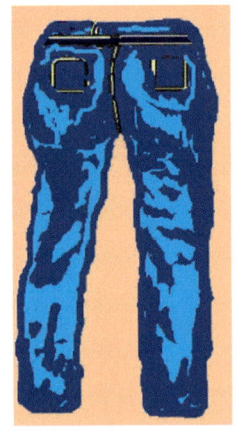

jeans
*(żins)*

dżinsy
*(sheen-ceh)*

jelly beans
*(że-li/bins)*

galareta ziarnka
*(gah-lah-reh-tah/she-ahm-kah*

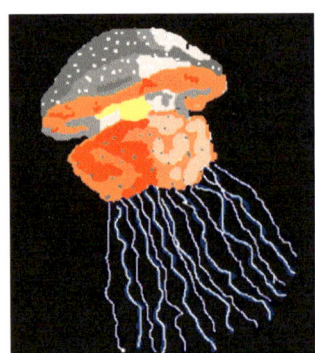

jelly fish
*(że-li/fiż)*

meduza
*(meh-doo-zah)*

jig-saw puzzle
*(żig/sau/pa-zol)*

składanka
*(s-kooah-dahn-kah)*

jockey
*(żo-ki)*

dżokej
*(shoh-keh-ee)*

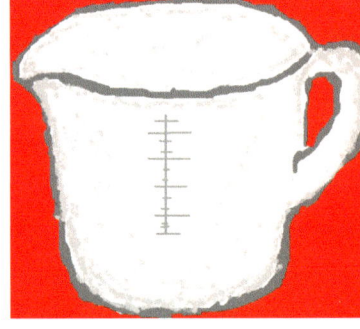

jug
*(żog)*

dzban
*(d-zbahn)*

juice
*(żuss)*

sok
*(sohk)*

jungle *(żan-go)*
dżungla *(shoon-glah)*

# K

**karate** *(ka-ra-ri)*

**karate** *(kah-rah-teh)*

**kangaroo** *(ken-ge-ru)*
**kangur** *(kahn-goor)*

**kayak** *(ka-iac)*   **kajak** *(kah-ee-ahk)*

**kennel** *(ke-nol)*
**psiarnia** *(pshahr-nee-ah)*

**ketchup** *(ket-czop)*

**sos pomidorowy** *(sohs/poh-mee-doh-roh-vee)*

**kettle** *(ke-rol)*

**czajnik** *(chah-ee-neek)*

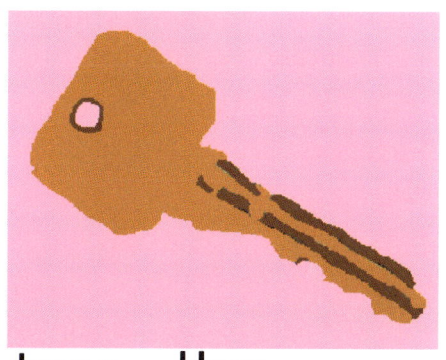

**kite** *(kait)*

**latawiec** *(lah-tah-vee-etz)*

**key** *(kii)*   **klucz** *(kloocz)*

# K

kitten *(ki-ren)*    kotek *(koh-tehk)*

knife *(knaif)*
nóż *(nohsh)*

knees *(kniis)*
kolana *(koh-lah-nah)*

koala bear *(ko-a-la/ber)*
koala *(koh-ah-lah)*

# L

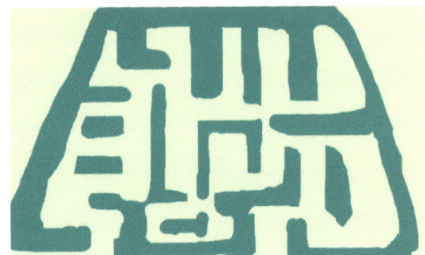
labyrinth *(la-ba-rint)*
labirynt *(lah-bee-rehnt)*

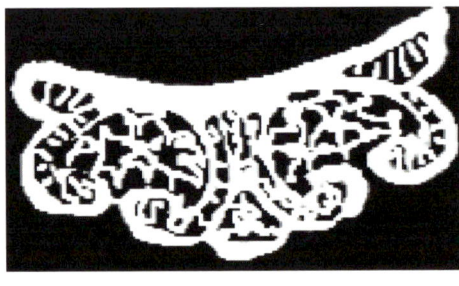
lace *(leis)*
koronka *(koh-rohn-kah)*

ladder *(la-der)*
drabina *(drah-bee-nah)*

ladybug *(lei-di/bag)*
biedronka *(bee-eh-drohn-kah)*

# L

lamb *(lamb)* jagnię *(ee-ahg-nee-eh)*

lamp *(lamp)*

lampa *(lahm-pah)*

laurel *(lou-rol)*

laurowy *(lah-oo-roh-veh)*

lavender *(lei-van-der)*

lawenda *(lah-vehn-dah)*

lawn mower *(lan-mouer)*

polana kosiarka *(poh-lah-nah/koh-shee-ahr-cah)*

leaf *(lif)*

liść *(lisch)*

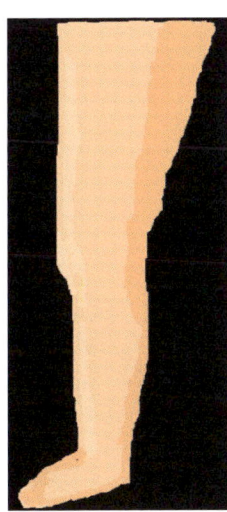

leg *(leg)*

noga *(noh-gah)*

lemon *(le-mon)*

cytryna *(see-tree-nah)*

37

# L

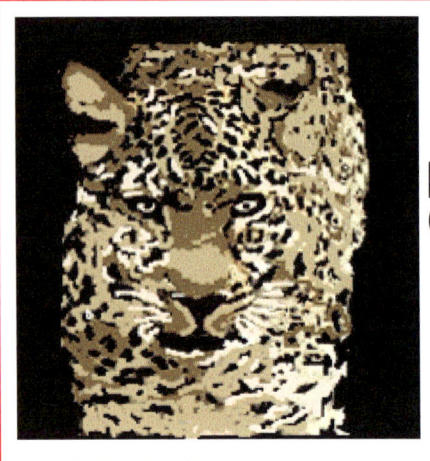

leopard
(*le-perd*)

lampart
(*lahm-pahrt*)

lettuce
(*le-rus*)

salata zielona
(*sah-lah-tah/she-eh-loh-nah*)

lighthouse
(*lait-haus*)

latarnia morska
(*lah-tahr-nee-ah/mohrs-kah*)

lightbulb
(*lait-bolb*)

żarówka
(*shah-roov-kah*)

lilac
(*lai-lak*)

lila
(*lee-lah*)

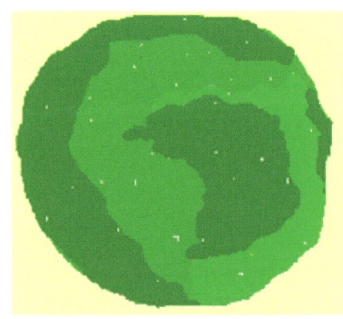

lime
(*laim*)

wapno
(*vahp-noh*)

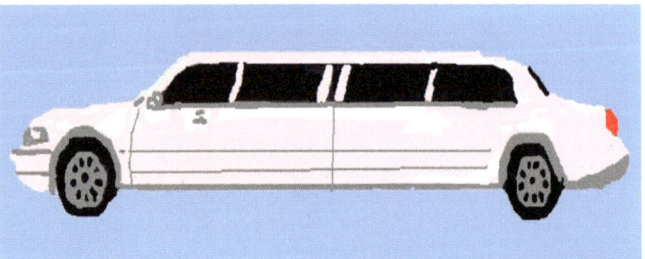

limousine (*li-mu-sin*)   limuzyna (*lee-moo-see-nah*)

lion
(*la-ion*)

lew
(*lehf*)

# L

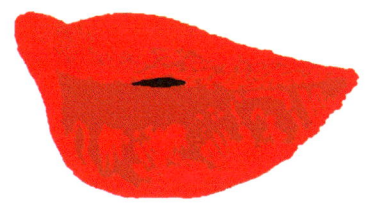

lips *(lips)*
wargi *(vahr-gee)*

lizard *(li-zard)*
jaszczurka *(ee-ahs-toor-cah)*

lobster *(lobs-ter)*
homar *(hoh-mahr)*

lock *(lock)*
lok *(lohk)*

lollipop *(lo-li-pop)*
lizak *(lee-zahk)*

lovebirds *(lov-berds)*
papużki faliste *(pah-poos-kee/fah-lees-teh)*

luggage *(lo-geć)*
bagaż *(bah-gahsh)*

lynx *(linkz)*
ryś *(reesh)*

39

# M

magazine *(ma-ga-zin)*
magazyn *(mah-gah-zeen)*

magician *(ma-żii-żian)*

czarodziej *(chah-ro-she)*

magnet *(mag-net)*
magnes *(mahg-nehs)*

magnolia *(mag-no-li-a)*

magnolia *(mahg-noh-lee-eh)*

maid *(me-id)*

pokojówka *(poh-koh-eeoof-kah)*

mailbox *(meil-box)*

skrzynka pocztowa *(shcreen-kah/pohs-toh-vah)*

mammoth *(me-moz)*
mamut *(mah-moot)*

mandarin *(men-da-rin)*
mandaryn *(mahn-dah-reen)*

# M

**mango** *(mein-go)*
**mangowiec** *(mahn-goh-vee-ehts)*

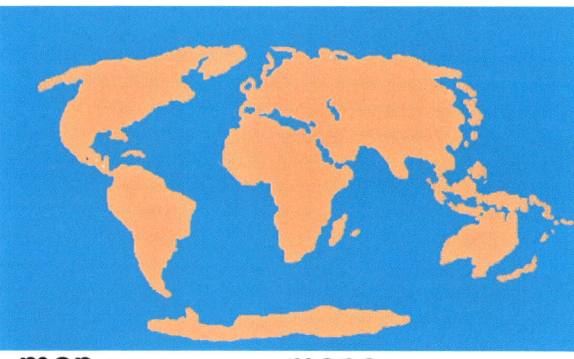

**map** *(map)*    **mapa** *(mah-pah)*

**maple leaf** *(mei-pol/lif)*
**liść klonu** *(leech/ kloh-noo)*

**marigold** *(me-ri-gold)*

**nagietek** *(nah-gee-eh-tehk)*

**mask** *(mask)*

**maska** *(mahs-kah)*

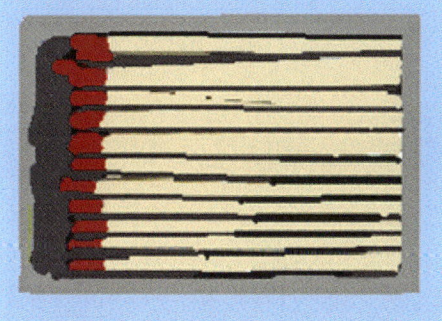

**matchbox** *(matż-box)*

**pudełko zapałek** *(poo-dehl-koh/zah-pah-ooehk)*

**meat** *(mit)*    **mięso** *(mee-ehn-soh)*

**medal** *(me-dal)*

**medal** *(meh-dahl)*

41

# M

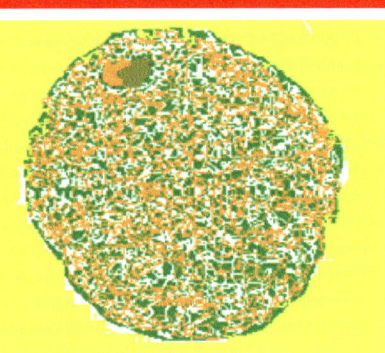
**melon** *(me-lon)*
**melon** *(meh-lohn)*

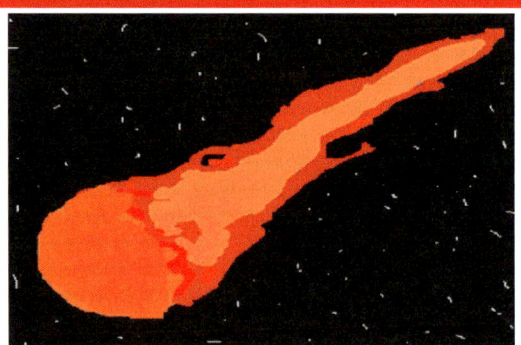
**meteor** *(mi-ri-or)*
**meteor** *(meh-teh-ohr)*

**milk** *(milk)*

**mleko** *(m-leh-koh)*

**mirror** *(mi-ror)*

**lustro** *(loos-troh)*

**mitten** *(mitn)*

**rękawica** *(reh-kah-vee-zah)*

**molar** *(mou-ler)*

**ząb trzonowy** *(zahb/troh-noh-veh)*

**mole** *(moul)*   **kret** *(kreht)*

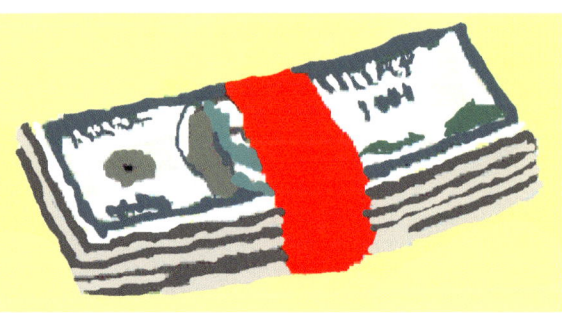
**money** *(ma-ni)*
**pieniądze** *(pee-oh-nohn-zah)*

42

monitor *(mo-ni-rer)*
monitor *(moh-nee-tohr)*

monkey *(mon-ki)*
małpa *(mah-oo-pah)*

mountain *(moun-ten)*
góra *(goh-rah)*

moon *(mun)*   księżyc *(chehr-sehts)*

moustache *(mos-tesh)*   wąsy *(vah-seh)*

mouse *(maus)*   mysz *(meesh)*

mushroom *(maż-rum)*

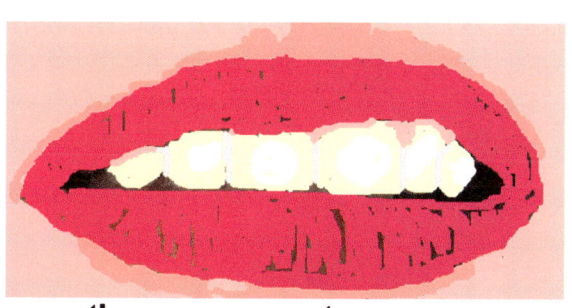
mouth *(mauz)*   usta *(oos-tah)*

rosnąć *(rohs-noch)*

43

# N

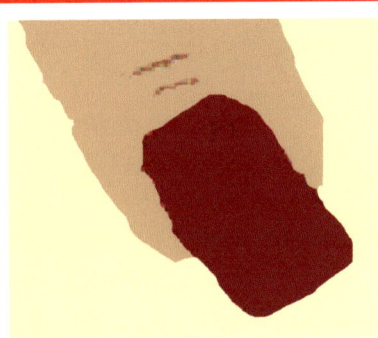

**nail** *(neil)*

**paznokieć** *(pahz-noh-kee-ehch)*

**napkins** *(nap-kins)*
**serwetki** *(sehr-veht-kee)*

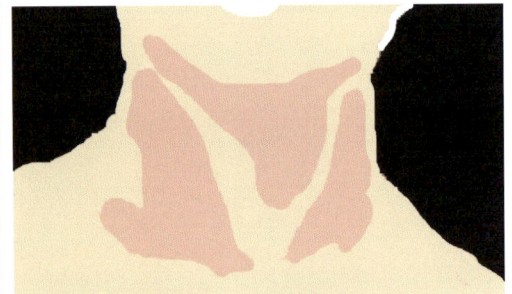

**neck** *(neck)*  **szyja** *(shee-gah)*

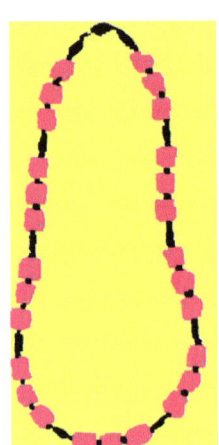

**necklace** *(nek-leis)*

**naszyjnik** *(nah-shink)*

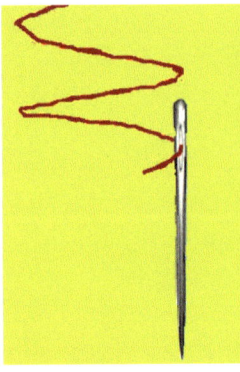

**needle** *(ni-rol)*

**igła** *(ee-goo-ah)*

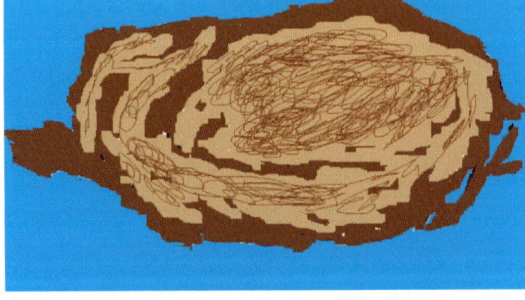

**nest** *(nest)*

**gniazdo** *(gnee-ahz-doh)*

**newspaper** *(nius-pei-per)*
**gazeta** *(gah-zeh-tah)*

**nightingale** *(nai-tin-gel)*

**słowik** *(soo-oh-veek)*

44

# N

nose *(nous)*
nos *(nohs)*

notebook *(nout-buk)*
notatnik *(noh-taht-neek)*

nut *(nat)*   orzech *(ohr-shehg)*

nutcracker *(nat-kra-quer)*
dziadek do orzechów *(shee-ah-dehk/do/ohr-sheh-hoov)*

# O

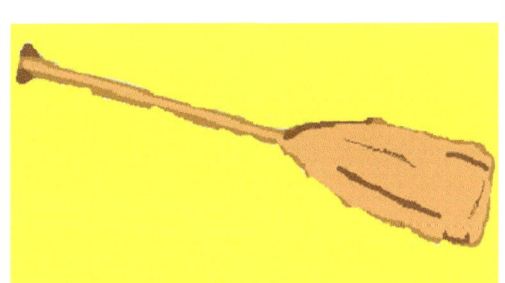

oar *(oiar)*   wiosło *(vee-oh-soo-oh)*

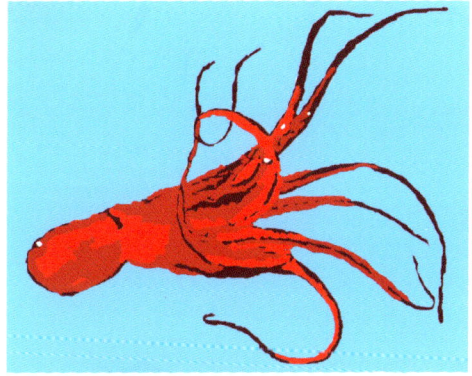

octopus *(ok-tu-pus)*
ośmiornica *(ohs-mee-ohr-nee-zah)*

onion *(o-ni-on)*
cebula *(ceh-boo-lah)*

orange *(o-ranż)*
pomarańca *(poh-mah-rahn-zah)*

orchid
(or-kid)

orchidea (ohr-he-dah)

ostrich
(os-trić)

struś
(stroosh)

owl
(aul)

sowa
(soh-vah)

ox
(ox)

wół
(voo)

paint
(peint)

farba
(fahr-bah)

palm
(palm)

palma
(pahl-mah)

panda
(pan-da)

panda
(pahn-dah)

pansy
(pen-zi)

bratek
(brah-tehk)

# P

panther *(pan-ter)*   pantera *(pahn-teh-rah)*

parachute *(per-a-żut)*

spadochron *(spa-doh-heh-rohn)*

parakeet *(per-kit)*

papużka *(pah-poosh-kah)*

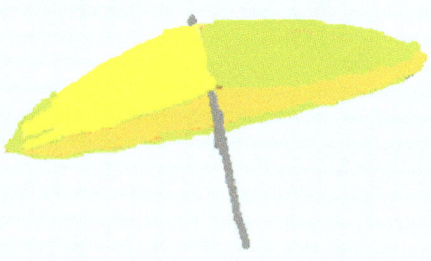
parasol *(per-a-sol)*

parasolka *(pah-rah-sohl-kah)*

parrot *(pe-rrot)*

papuga *(pah-poo-gah)*

parsley *(pars-li)*

pietruszka *(pee-eh-troosh-kah)*

passport *(pas-port)*

paszport *(pahsh-pohrt)*

peach *(pić)*

brzoskwinia *(brohs-kee-nee-ah)*

47

# P

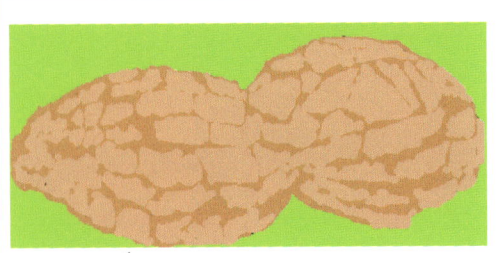

peanut *(pi-nat)*
orzech ziemny *(ohr-sheg/she-ehmne)*

pecan *(pi-ken)*

pecan *(pets-ahn)*

pen *(pen)*

pióro *(pee-oo-roh)*

penguin *(pen-guin)*

pingwin *(peen-green)*

pear *(peer)*

gruszka *(groosh-kah)*

pelican *(pe-li-ken)*

pelicans *(peh-leet-sahns)*

pencil *(pen-sol)*

ołówek *(oh-oo-vehk)*

piano *(pia-no)*

fortepian *(fohr-teh-pee-ahn)*

# P

**pickle** *(pi-kol)*
**kiszony ogórek** *(kee-shoh-neh/oh-goo-rehk)*

**pie** *(pai)*   **placek** *(plaht-sehk)*

**pig** *(pig)*   **wieprz** *(vee-ehpch)*

**pigeon** *(pi-she-on)*   **gołąb** *(goh-oob)*

**pillow** *(pi-lou)*

**poduszka** *(poh-doosh-kah)*

**pin** *(pin)*

**szpilka** *(shpeel-kah)*

**pine** *(pa-in)*

**sosna** *(sohs-nah)*

**pineapple** *(pa-in-a-pol)*

**ananas** *(ah-nah-nahs)*

49

# P

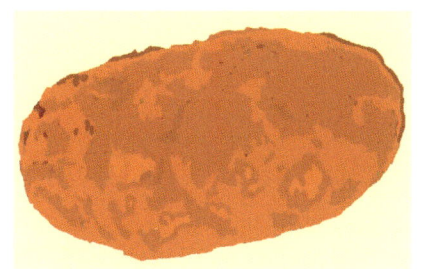
**potato** *(po-tei-ro)*
**ziemniak** *(sheh-mee-ahk)*

**present** *(pre-sent)*
**prezent** *(preh-zehnt)*

**pumpkin** *(pamp-kin)*
**dynia** *(deh-nee-ah)*

**puppy** *(pa-pi)*
**szczeniak** *(shteh-nee-ahk)*

# Q

**quail** *(kuel)*
**przepiórka** *(psheh-pee-ohr-kah)*

**quarter** *(kuo-ra)*
**ćwierć dolar** *(chehrch/doh-lahr)*

**queen** *(kuin)*
**królowa** *(kroo-loh-vah)*

**quince** *(kuins)*
**pigwa** *(peeg-vah)*

# R

**raccoon** *(ra-kun)*

**szop** *(shohp)*

**rabbit** *(ra-bit)*  **królik** *(kroh-leek)*

**racket** *(ra-ket)*

**radio** *(rei-dio)*

**radio** *(rah-dee-oh)*

**rakieta tenisowa** *(rah-kee-eh-tah/teh-nee-soh-vah)*

**rainbow** *(rein-bow)*   **tęcza** *(tehn-chah)*

**radish** *(ra-diż)*
**rzodkiewka** *(shrohd-kee-ehz-kah)*

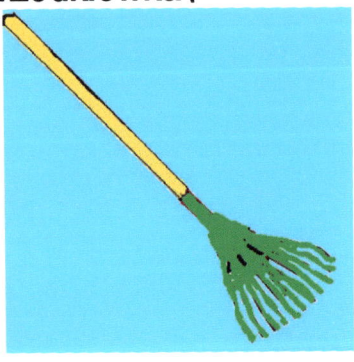

**rake** *(reik)*

**grabki** *(grahb-kee)*

**raspberry** *(rasp-be-rri)*
**malina** *(mah-lee-nah)*

# R

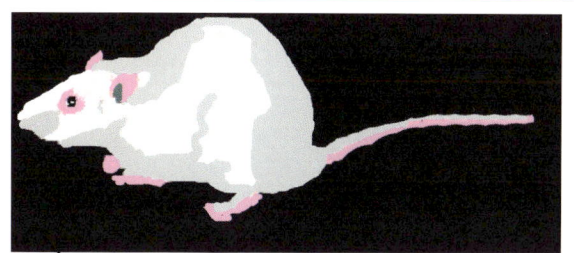
rat *(rat)*  szczur *(sh-toor)*

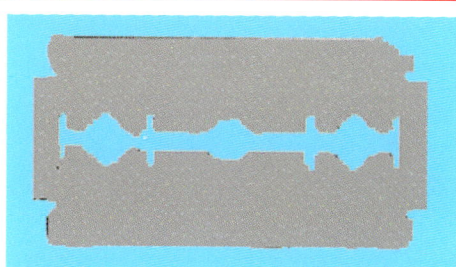
razor *(rei-zor)*  żyletka *(she-leht-kah)*

refrigerator *(re-fri-żi-rei-ror)*

lodówka *(loh-doov-kah)*

reindeer *(rein-dier)*  renifer *(reh-nee-fehr)*

rhinoceros *(ra-i-no-ce-res)*
nosorożec *(noh-soh-roh-shehz)*

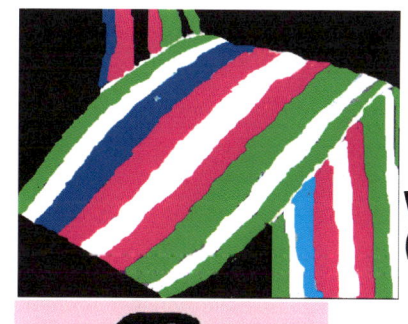
ribbon *(ri-bon)*

wstążka *(s-tohsh-kah)*

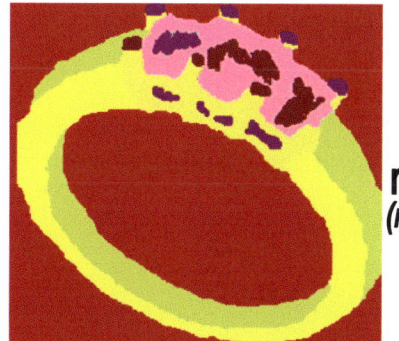
ring *(ring)*

pierścień *(pee-ehrs-chee-ehn)*

robot *(ru-bot)*

robot *(roh-boht)*

53

# R

rock *(rock)* kamień *(kah-mee-ehn)*

roof *(ruf)* dach *(da-h)*

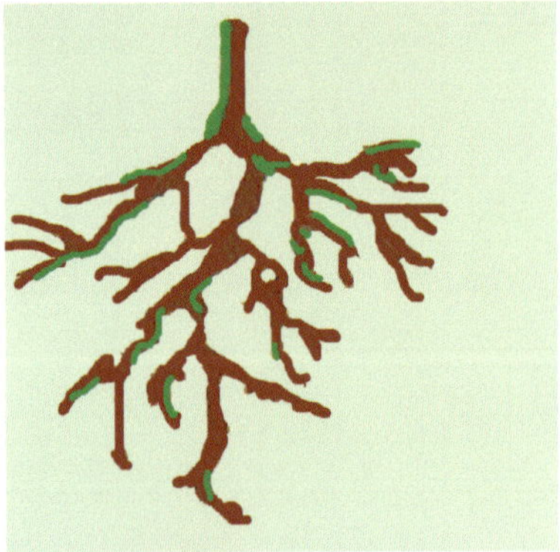

root *(rut)*

korzeń *(kohr-shehn)*

rose *(rous)*

róża *(roh-zah)*

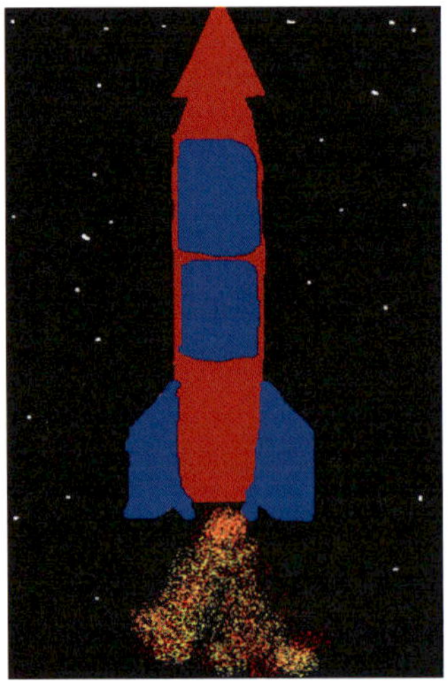

rocket *(ro-ket)*

rakieta *(rah-kee-eh-tah)*

rooster *(rus-ter)*

kogut *(koh-goot)*

rope *(roup)*

sznur *(sh-noor)*

ruler *(ru-ler)*
linijka *(lee-nee-kah)*

## S

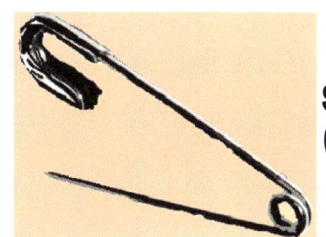

**agrafka** *(ah-grahph-kah)*
**safety pin** *(seif-ti-pin)*

**salamander** *(sal-a-mehn-der)*
**salamandra** *(sah-lah-mahn-drah)*

**sandal** *(san-dal)*
**sandał** *(sahn-dahl)*

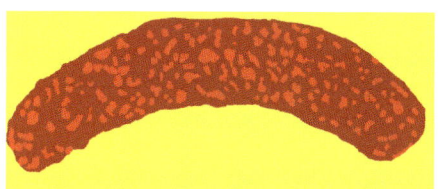

**sausage** *(so-seć)*
**kiełbasa** *(kee-oo-bah-sah)*

**scale** *(skel)*
**podziałka** *(poh-she-ahdl-kah)*

**school** *(skul)*
**szkoła** *(skoh-lah)*

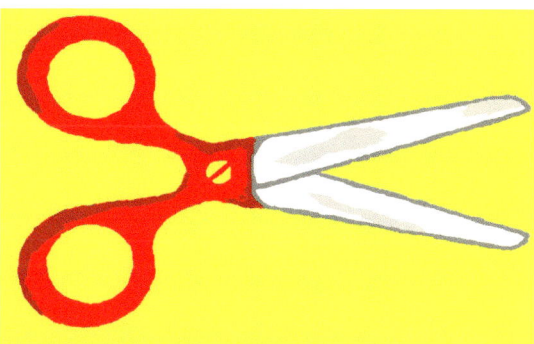

**scissors** *(si-sors)*
**nożyce** *(noh-reet-zeh)*

**scooter** *(sku-rer)*
**hulajnoga** *(hoo-lah-ee-noh-gah)*

55

# S

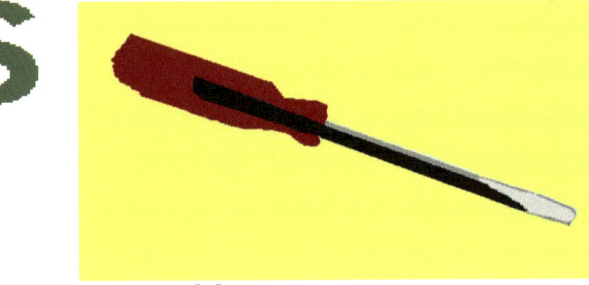

**screwdriver** *(skru-drai-ver)*
**śrubokręt** *(shoo-boh-kreht)*

**scorpion** *(skor-pion)*
**skorpion** *(skohr-pee-ohn)*

**seagull** *(si-gul)*

**mewa** *(meh-vah)*

**sea lion** *(si/la-ion)*
**foka** *(phoh-kah)*

**sheep** *(żip)*

**owca** *(ohv-tah)*

**shark** *(żark)*   **rekin** *(reh-keen)*

**shell** *(shel)*

**muszelka** *(moo-shehl-kah)*

**ship** *(żip)*   **statek** *(stah-tehk)*

56

# S

shirt *(żert)*

koszula *(koh-shoo-lah)*

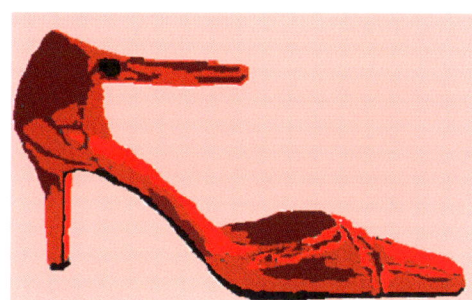

shoe *(żu)*
but *(boot)*

shorts *(żorts)*  szorty *(shohr-teh)*

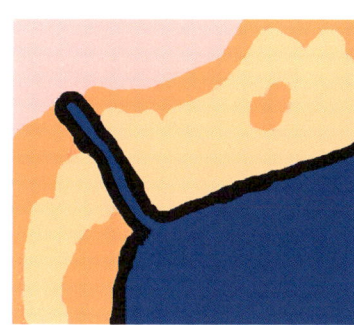

shoulder *(żoul-der)*

ramię *(rah-mee-ah)*

shovel *(ża-vol)*

szufla *(shoo-flah)*

shower *(ża-guer)*

prysznic *(preesh-neets)*

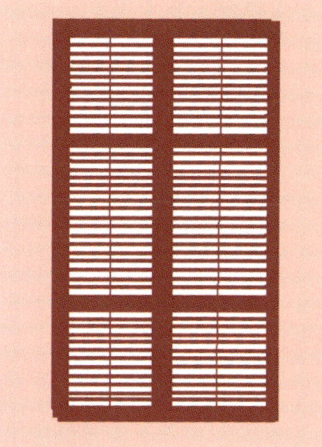

shutter *(ża-rer)*

żaluzja *(rah-loo-zee-ah)*

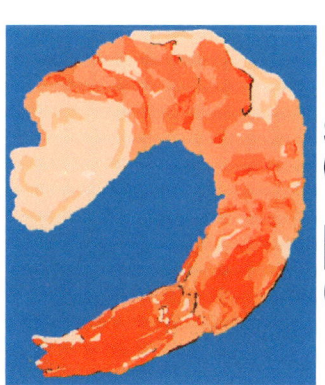

shrimp *(żrimp)*

krewetka *(kreh-veht-kah)*

57

# S

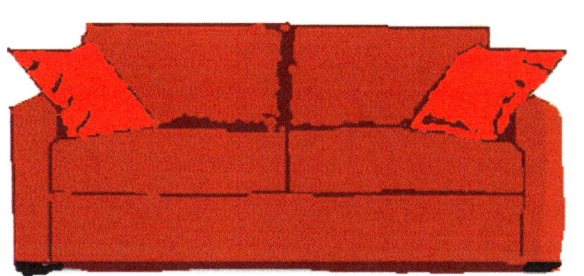

sofa *(sou-fa)*   kanapa *(kah-nah-pah)*

sparrow *(spe-rrou)*

wróbel *(wroo-behl)*

spider *(spei-der)*   pająk *(pah-ee-óhnk)*

spiderweb *(spei-der-ueb)*

pajęczyna *(pah-ee-ehn-cheh-nah)*

spoon *(spun)*   łyżka *(oosh-kah)*

squirrel *(skuerl)*

wiewiórka *(vee-eh-eeohr-kah)*

stair *(ster)*

schodek *(s-hoh-dehk)*

stamp *(stemp)*

stempel *(stehm-pehl)*

# S

starfish
(star-fiż)

rozgwiazda
(rohz-gee-ahz-dah)

stork
(stork)

bocian (boh-she-ahn)

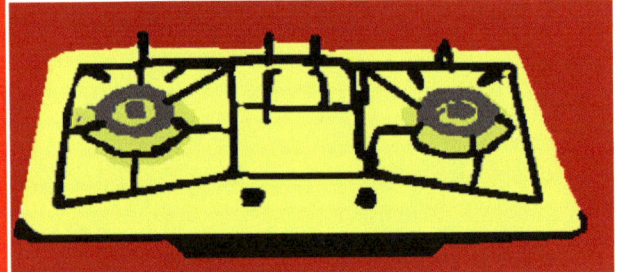

stove (stouv)    piec (pee-ehts)

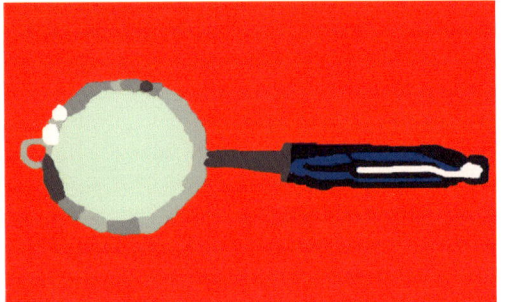

strainer (stri-ner)    sito (she-toh)

strawberry
(stro-be-rri)

truskawka
(troos-kahph-kah)

sun
(san)

słońce
(soo-ohn-ceh)

sunflower
(san-fla-uer)

słonecznik
(soo-oh-nehch-neek)

sunglasses (san-gla-ses)
okulary słoneczne
(oh-koo-lah-reh/soo-oh-nehch-neh)

# S

**surf-board** (_sorfh_-bord)

**pojedyncza deska** (poh-ee-_dehn_-chah/_dehs_-kah)

**sweater** (_sue_-rer)
**sweter** (_sveh_-tehr)

# T

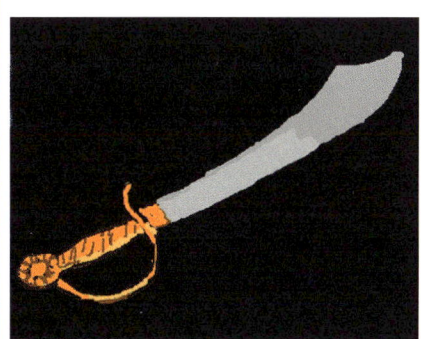

**sword** (_suord_)
**szpada** (sh-_pah_-dah)

**table** (_tei_-bol)

**stół** (_stou_)

**teapot** (_ti_-pot)   **imbryk** (_eem_-breek)

**telephone** (t_e_-le-fon)

**telefon** (teh-leh-phon)

**telescope** (_te_-les-cop)

**teleskop** (teh-_lehs_-kop)

**television** (te-le-vi-żion)
**telewizja** (teh-leh-_vee_-see-ah)

61

**T**

tent *(tent)* namiot *(nah-mee-oht)*

thumb *(zam)* kciuk *(kchook)*

tie *(tai)* krawat *(krah-vaht)*

tiger *(taii-ger)* tygrys *(tee-greh)*

toaster *(tous-ter)* toster *(tohs-tehr)*

tomato *(to-mei-ro)* pomidor *(poh-mee-dohr)*

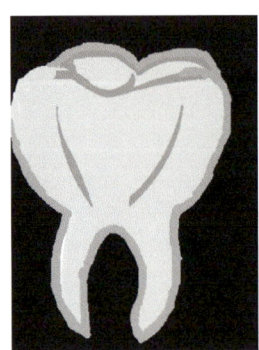
tooth *(tuz)* ząb *(zahb)*

torch *(torć)* pochodnia *(poh-hohd-nee-ah)*

toucan *(tu-ken)*

tukan *(too-kahn)*

towel *(ta-uol)*

ręcznik *(rehsh-neek)*

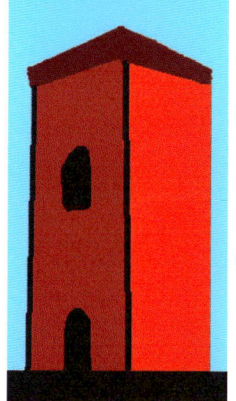
tower *(ta-wer)*

wieża *(toh-rreh)*

train *(trein)*

tren *(trehn)*

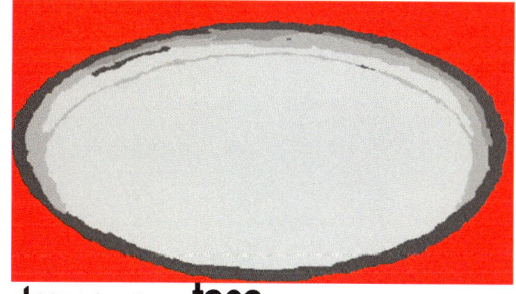
tray *(trei)*  taca *(tah-zah)*

tree *(tri)*

drzewo *(dreh-voh)*

truck *(trak)*  ciężarowka *(cheh-reh-rohv-kah)*

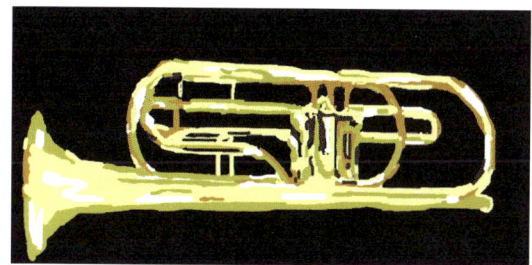
trumpet *(trom-pet)*

trąbka *(trohb-kah)*

63

# T

tulip
*(tu-lip)*

tulipan
*(too-lee-pahn)*

tunnel *(ta-nol)*   tunel *(too-nehl)*

turtle *(to-rl)*   żółw *(shoov)*

# U

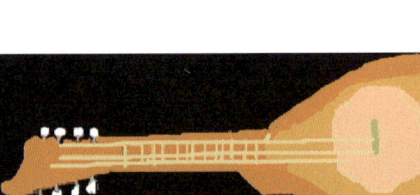

ukulele *(io-ko-le-le)*
ukulele *(oo-koo-leh-leh)*

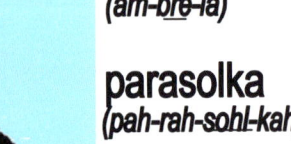

umbrella
*(am-bre-la)*

parasolka
*(pah-rah-sohl-kah)*

uphill
*up hil*

wznoszący *(vees-noh-zoh-see)*

u turn
*(iu-tern)*

u- obracać się
*(oo/oh-brah-tah/cheé-eh)*

64

# V

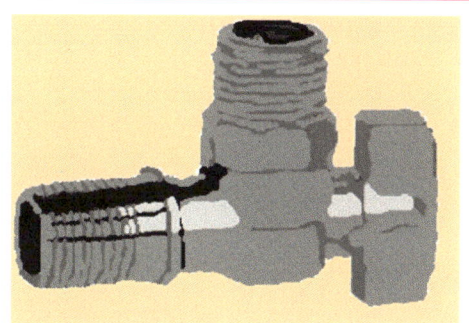
**valve** *(valv)*
**zawór** *(zah-voor)*

**vase** *(veis)*
**wazon** *(vah-zohn)*

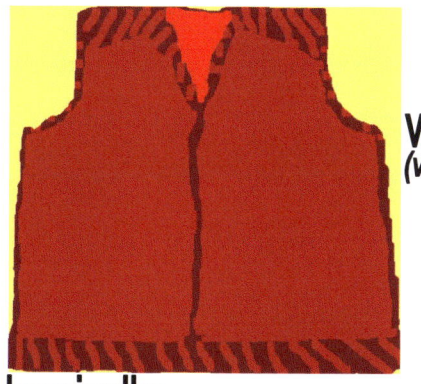
**vest** *(vest)*
**kamizelka** *(cah-noh-tee-eh-rah)*

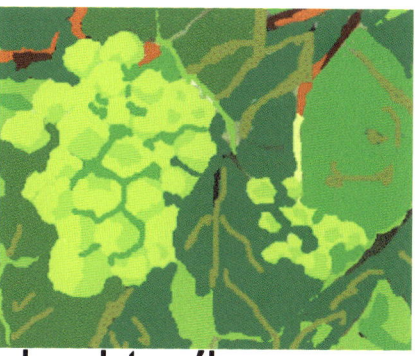
**vine** *(vain)*
**winna latorośl** *(vee-nah/lah-toh-roh-she)*

**violet** *(va-io-let)*
**fiołek** *(fee-oh-ooehk)*

**violin** *(va-io-lin)*
**skrzypce** *(shkreept-ceh)*

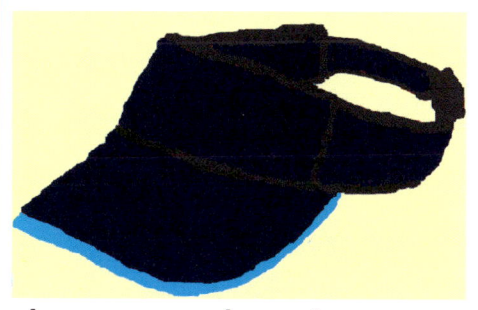
**visor** *(vai-sor)*  **daszek** *(dah-shehk)*

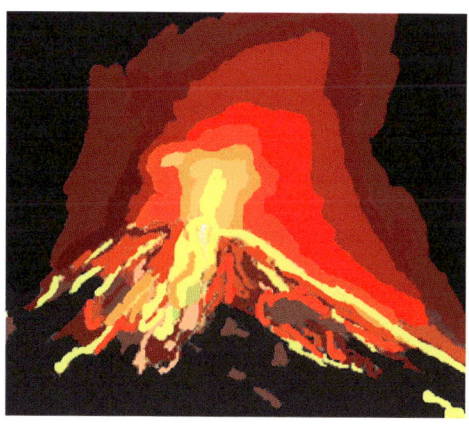
**volcano** *(vol-kei-no)*
**wulkan** *(vool-cahn)*

65

# W

**waffle** *(uah-fol)*
**gofry** *(goh-phreh)*

**wagon** *(uah-gon)*

**wózek** *(voo-zehk)*

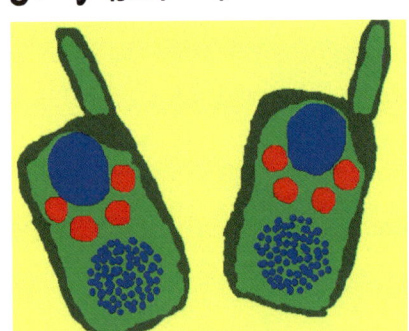

**walkie-talkie** *(ua-ki/tol-ki)*

**nadajnik radiowy**
*(nah-dah-ee-neek/rah-dee-oh-veh)*

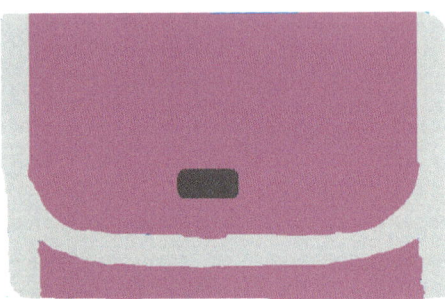

**wallet** *(ua-let)*
**teczka** *(tehch-kah)*

**wasp** *(uasp)*

**osa** *(oh-sah)*

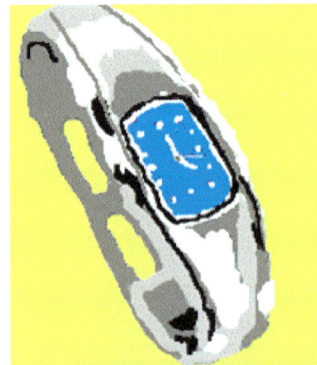

**watch** *(uatć)*

**zegarek** *(zeh-gah-rehk)*

**waterfall** *(ua-der-fol)*

**wodospad** *(voh-dohs-pahd)*

**watering can** *(ua-de-ring/ken)*
**pojenie puszka metalowa**
*(poh-ee-eh-neh/poosh-kah/meh-tah-loh-vah)*

# W

**watermelon** *(ua-der-me-lon)*
**arbuz** *(ahr-booz)*

**wave** *(ueiv)*
**falowanie** *(fah-loh-vah-nee-eh)*

**weather vane** *(ue-der/vein)*
**wiatrowskaz** *(vee-ah-trohs-kahz)*

**whale** *(guel)*   **wieloryb** *(vee-eh-loh-rehb)*

**wheel** *(guiol)*
**koło** *(koh-oo-oh)*

**wheelbarrow** *(guiol-ba-rrou)*
**taczki** *(tahcz-kee)*

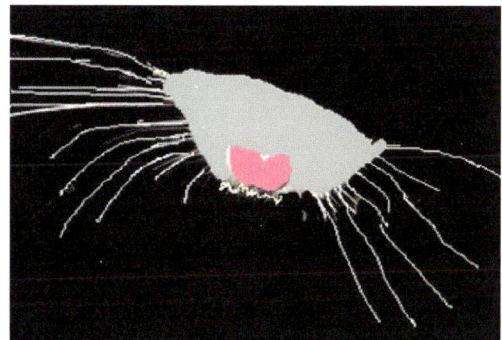

**whiskers** *(guis-kers)*
**bokobrody** *(boh-koh-broh-deh)*

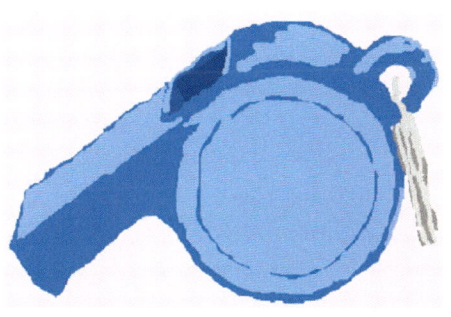

**whistle** *(gui-sol)*
**gwizdek** *(greez-dehk)*

# W

wig *(uig)*    peruka *(peh-roo-kah)*

window *(uin-dou)*

okno *(ohk-noh)*

wings *(uings)*    skrzydła *(sk-shree-doo-ah)*

wolf *(uolf)*

wilk *(vilk)*

wood *(guud)*    drewno *(drehv-noh)*

wool *(guul)*

wełna *(veh-oo-nah)*

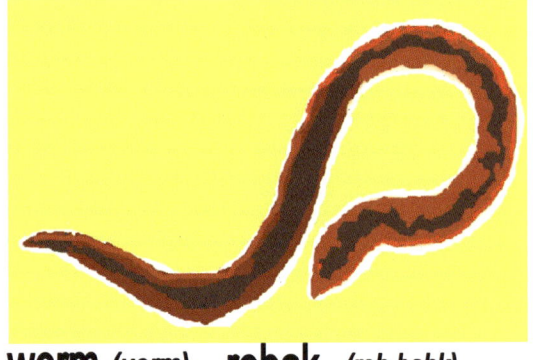

worm *(uorm)*    robak *(roh-bahk)*

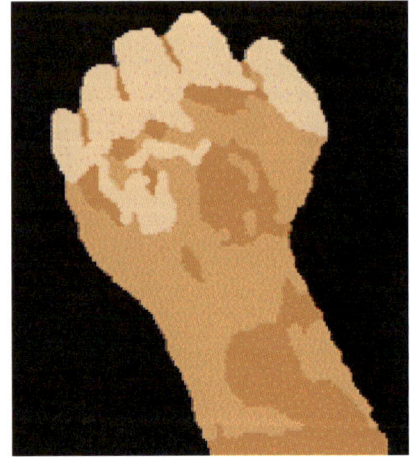

wrist *(gruist)*

nadgarstek *(nahd-gahrs-tehk)*

# X

X- mas *(cris-mas)*

Boże Narodzenie *(boh-sheh/nah-rohd-zeh-nee-eh)*

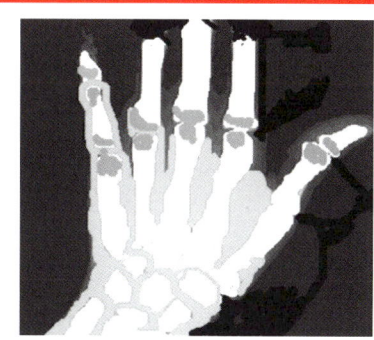

X- ray *(ex-rey)*
rentgenowski *(rehnt-geh-nohvs-kee)*

xylophone *(zai-lo-fon)*
ksylofon *(xsee-loh-phon)*

# Y

yacht *(iaht)*   jacht *(ee-ahct)*

yam *(iam)*

słodki ziemniak *(soo-ohd-kee/sheh-mee-ahk)*

yield *(ield)*

wydawać *(vee-doh-vahch)*

yogurt *(io-gurt)*

jogurt *(ee-oh-goort)*

# Z

**zebra** (zi-bra)  **zebra** (<u>zeh</u>-brah)  **zebu** (<u>zi</u>-bu)  **zebu** (<u>zeh</u>-boo)

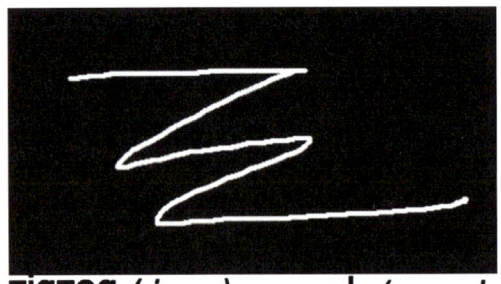

**zigzag** (zig-zag)  **zygzak** (<u>zeeg</u>-zahg)  **zipper** (<u>zi</u>-per)

**zamek błyskawiczny** (<u>zah</u>-mehk/buhs-kah-<u>reech</u>-neh)

**agrafka** (ah-<u>grahph</u>-kah) safety pin (<u>seif</u>-ti/pin)

**akwarium** (ahk-<u>wah</u>-ree-oom) aquarium (ah-<u>kue</u>-rium)

**aligator** (a-li-<u>ge-ii</u>-ror) alligator (a-li-<u>gei</u>-ror)

**ambulans** (ahm-boo-lahns) ambulance (<u>am</u>-biu-lans)

**ananas** (ah-<u>nah</u>-nahs) pineapple (<u>pain</u>-a-pol)

**anioł** (<u>ah</u>-nee-ohl) angel (<u>ein</u>-śol)

**apartament** (ah-pahr-<u>tah</u>-ment) apartment (a-<u>part</u>-ment)

**arbuz** (<u>ahr</u>-booz) watermelon (<u>ua</u>-der-me-lon)

**arka** (<u>ahr</u>-kah) ark (ark)

**atleta** (ah-<u>tleh</u>-tah) athlete (a-tlit)

**autobus** (ah-oo-toh-<u>boos</u>) bus (bas)

**autostrada** (ah-oo-trohs-<u>trah</u>-dah) highway (<u>hai</u>-wei)

**bagaż** (bah-gahsh) luggage (<u>lo</u>-geć)

**balet** (bah-leht) ballet (ba-<u>let</u>)

**balon** (bah-lohn) balloon (ba-<u>lun</u>)

**banan** (<u>bah</u>-nahn) banana (ba-<u>na</u>-na)

**bateria** (bah-teh-<u>ree</u>-ah) battery (<u>ba</u>-re-ri)

**beben** (<u>beh</u>-behn) drum (drom)

**biedronka** (bee-eh-<u>drohn</u>-kah) ladybug (<u>lei</u>-di/bag)

**biskwit** (<u>beesk</u>-weet) biscuit (<u>bis</u>-ket)

**biurko** (bee-<u>oor</u>-coh) desk (desk)

**bizon** (bee-<u>zohn</u>) bison (<u>bai</u>-son)

**bocian** (<u>boh</u>-she-ahn) stork (stork)

**bokobrody** (boh-koh-<u>broh</u>-deh) whiskers (<u>quis</u>-kers)

**Boże Narodzenie** (<u>boh</u>-sheh/nah-rohd-<u>zeh</u>-nee-eh) X-mas (<u>cris</u>-mas)

**brama** (<u>brah</u>-mah) gate (geit)

**bransoletka** (brahn-soh-<u>leht</u>-kah) bracelet (<u>breis</u>-let)

**bratek** (<u>brah</u>-tehk) pansy (<u>pen</u>-zi)

**brokuły** (broh-<u>coo</u>-ehl) broccoli (<u>bro</u>-ko-li)

**brzoskwinia** (brohs-<u>kee</u>-nee-ah) peach (pić)

**bukiet** (boo-kee-eht) bouquet (bu-<u>ket</u>)

**but** (boot) shoe (żu)

**butelka** (boo-<u>tehl</u>-cah) bottle (<u>ba</u>-rol)

**cebula** (ceh-<u>boo</u>-lah) onion (<u>o</u>-ni-on)

**cegły** (<u>teh</u>-goo-eh) bricks (bricks)

**chleb** (clehb) bread (bred)

**cholewa** (coh-<u>leh</u>-vah) boot (but)

**chomik** (<u>hoh</u>-meek) hamster (hams-ter)

**chrząszcz** (<u>shoh</u>-oost) bettle (<u>bi</u>-rol)

**chustka do nosa** (hootska/doh/noh-sah) handkerchief (<u>hand</u>-ker-kif)

**cielę** (chee-<u>eh</u>-leh) calf (kalf)

**ciężarowka** (cheh-reh-<u>rohv</u>-kah) truck (trak)

**cukierek** (zoo-kee-<u>eh</u>-rehk) candy (<u>ken</u>-di)

**cyrk** (seerk) circus (<u>zer</u>-kus)

**cytryna** (see-<u>tree</u>-nah) lemon (<u>le</u>-mon)

**czajnik** (<u>chah</u>-ee-neek) kettle (<u>ke</u>-rol)

**czara** (<u>thzah</u>-rah) bowl (boul)

**czarodziej** (chah-<u>ro</u>-she) magician (ma-<u>żii</u>-żian)

**czarodziejka** (chah-roh-<u>she</u>-cah) fairy (<u>fe</u>-ri)

**czekolada** (cheh-coh-<u>lah</u>-dah) chocolate (<u>ćo</u>-ko-leit)

**czop** (chohp) faucet (<u>fo</u>-cet)

## Ć

**ćwierć dolar** (chehrch/<u>doh</u>-lahr) quarter (<u>kuo</u>-ra)

**dach** (da-h) roof (ruf)

**daszek** (<u>dah</u>-shehk) visor (<u>vai</u>-sor)

**delfin** (<u>dehl</u>-phin) dolphin (<u>dol</u>-fin)

**dłoń** (doo-<u>oh</u>-nee) hand (jand)

**doktor** (<u>dohc</u>-tohr) doctor (<u>doc</u>-tor)

**dom** (dohm) house (haus)

**domino** (doh-<u>mee</u>-noh) domino (<u>do</u>-mi-no)

**drabina** (drah-<u>bee</u>-nah) ladder (<u>la</u>-der)

**drewno** (<u>drehv</u>-noh) wood (guud)

**drzewo** (<u>dreh</u>-voh) tree (tri)

**drzwi** (drzee) door (door)

**dynia** (<u>deh</u>-nee-ah) pumpkin (<u>pamp</u>-kin)

**dysk** (disk) disk (disk)

**dywan** (<u>dee</u>-vahn) carpet (<u>car</u>-pet)

**dzban** (d-<u>zbahn</u>) jog (żog; pitcher (<u>pit</u>-ćer)

**dziadek do orzechów** (shee-<u>ah</u>-dehk/do/ohr-sheh-<u>hoov</u>) nutcracker (<u>nat</u>-kra-ker)

**dziobak** (<u>dshoh</u>-bahk) platypus (<u>pla</u>-ri-pus)

**dzwon** (z-<u>gohn</u>) bell (bell)

**dżem** (shehm) jam (żam)

**dżinsy** (<u>sheen</u>-seh) jeans (żins)

**dżokej** (<u>shoh</u>-keh-ee) jockey (<u>żo</u>-ki)

**dżungla** (<u>shoon</u>-glah) jungle (<u>żan</u>-go)

**ełk** (<u>eh</u>-ook) elk (elk)

**eskimos** (<u>ehs</u>-kee-mohs) eskimo (<u>es</u>-ki-mo)

 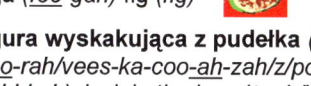 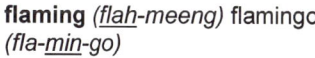

**falowanie** (fah-loh-<u>vah</u>-nee-eh) wave (ueiv)

**farba** (<u>fahr</u>-bah) paint (peint)

**ferma** (<u>fehr</u>-mah) farm (farm)

**figa** (<u>fee</u>-gah) fig (fig)

**figura wyskakująca z pudełka** (fee-goo-rah/vees-ka-coo-<u>ah</u>-zah/z/poo-<u>dehl</u>-kah) jack in the box (żack/in/de/box)

**filiżanka** (phee-lee-<u>shan</u>-kah) cup (kap)

**fiołek** (fee-<u>oh</u>-ooehk) violet (<u>va</u>-io-let)

**flaga** (<u>flah</u>-gah) flag (flag)

**flaming** (<u>flah</u>-meeng) flamingo (fla-<u>min</u>-go)

**foka** (<u>phoh</u>-kah) sea lion (si/<u>la</u>-ion)

**fortepiano** (fohr-<u>teh</u>-pee-ahn) piano (<u>pia</u>-no)

**gabinet** *(gah-bee-neht)* cabinet *(ka-bi-net)*

**galareta ziarnka** *(gah-lah-reh-tah/she-ahrn-kah)* jelly beans *(że-li/bins)*

**garaż** *(gah-rahsh)* garage *(gah-rash)*

**garnek** *(gahr-nehk)* pot *(pot)*

**gazela** *(gah-zeh-llah)* gazelle *(ga-zel)*

**gazeta** *(gah-zeh-tah)* newspaper *(nius-pei-per)*

**gąsienica** *(gah-she-neet-zah)* caterpillar *(ka-rer-pi-ler)*

**gepard** *(geh-pahrt)* cheetah *(ći-ra)*

**gęś** *(gehnsh)* goose *(gus)*

**gitara** *(gee-tah-rah)* guitar *(gi-tar)*

**gladioulus** *(glah-dee-oh-lohs)* gladioulus *(gla-dio-los)*

**globus** *(gloh-boos)* globe *(glob)*

**głowa** *(goo-oh-vah)* head *(jed)*

**gniazdo** *(gnee-ahz-doh)* nest *(nest)*

**gofry** *(goh-phreh)* waffle *(ua-fol)*

**gołąb** *(goh-oh-beh)* pigeon *(pi-she-on)*

**goździk** *(gohshdh)* carnation *(car-nei-shion)*

**góra** *(goo-rah)* mountain *(moun-ten)*

**grabki** *(grahb-kee)* rake *(reik)*

**gruszka** *(groosh-kah)* pear *(peer)*

**grzebień** *(sheh-bee-ehn)* comb *(komb)*

**gwizdek** *(greez-dehk)* whistle *(gui-sol)*

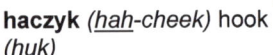

**haczyk** *(hah-cheek)* hook *(huk)*

**hamak** *(hah-mahk)* hammock *(ja-meck)*

**harfa** *(hahr-phah)* harp *(jarp)*

**herbatnik** *(her-baht-neek)* cracker *(kra-ker)*

**homar** *(hoh-mahr)* lobster *(lobs-ter)*

**hulajnoga** *(hoo-lah-ee-noh-gah)* scooter *(sku-rer)*

**hydranty** *(hee-drahn-teh)* hydrant *(hai-drant)*

**iglo** *(ee-gloh)* igloo *(ai-glu)*

**igła** *(ee-goo-ah)* needle *(ni-rol)*

**imbryk** *(eem-breek)* teapot *(ti-pot)*

**inżynier** *(een-she-nee-ehr)* engineer *(en-shi-nier)*

**irys** *(ee-rehs)* iris *(ai-ris)*

**jabłko** *(ee-ah-boo-coh)* apple *(a-pol)*

**jacht** *(ee-ahct)* yacht *(iat)*

**jagnię** *(ee-ahg-nee-eh)* lamb *(lamb)*

**jaguar** *(ee-ah-goo-ahr)* jaguar *(ża-guar)*

**jajko** *(ee-ah-ee-koh)* egg *(egg)*

**jaszczurka** *(ee-ahs-toor-cah)* lizard *(li-zard)*

**jazmin** *(ee-ahz-meen)* jazmin *(żas-min)*

**jeleń** *(ee-eh-lehn)* deer *(dii-er)*

**jesień** *(ee-shee-ehn)* autumn *(o-rom)*

**jeż** *(ee-ehsh)* hedgehog *(hedż-hog)*

**jeżyna** *(ee-eh-sheh-nah)* blackberry *(blak-be-rri)*

**jogurt** *(ee-oh-goort)* yogurt *(io-gurt)*

**klepsydra** *(klehp-see-drah)* hourglass *(aur-glass)*

**klucz** *(kloocz)* key *(ki)*

**koala** *(koh-ah-lah)* koala bear *(ko-a-la/ber)*

**kogut** *(koh-goot)* rooster *(rus-ter)*

**kokosowy** *(koh-koh-soh-vee)* coconut *(ko-ko-nat)*

**kolana** *(koh-lah-nah)* knees *(kniis)*

**kołiska** *(koh-lees-kah)* *(shoob)* crib *(krib)*

**koło** *(koh-oo-oh)* wheel *(guiol)*

**komin** *(koh-meen)* chimney *(ćim-ni)*

**konik polny** *(konk/pohl-neh)* grasshopper *(gra-żo-per)*

**koń** *(koh-nee)* horse *(hors)*

**koperta** *(koh-pehr-tah)* envelope *(en-ve-lop)*

**korona** *(koh-roh-nah)* crown *(kraun)*

**koronka** *(koh-rohn-kah)* lace *(leis)*

**korzeń** *(kohr-shehn)* root *(rut)*

**kostki** *(kohst-kee)* dice *(dais)*

**koszula** *(koh-shoo-lah)* shirt *(żert)*

**koszyk** *(koh-sheek)* basket *(bas-ket)*

**kościół** *(kohs-choo)* church *(ćorćh)*

**kość** *(kosch)* bone *(boun)*

**kot** *(koht)* cat *(kat)*

**kotek** *(koh-tehk)* kitten *(kee-ren)*

**kowal** *(koh-vahl)* blacksmith *(black-smeth)*

**kowboj** *(kohv-boy)* cowboy *(kau-boi)*

**koza** *(koh-zah)* goat *(gout)*

**krab** *(krahb)* crab *(krab)*

**krawat** *(krah-vaht)* tie *(tai)*

**kret** *(kreht)* mole *(moul)*

**krewetka** *(kreh-veht-kah)* shrimp *(żrimp)*

# L

**labirynt** *(lah-bee-rehnt)* labyrinth *(la-ba-rint)*

**lalka** *(lahl-kah)* doll *(doll)*

**lampa** *(lahm-pah)* lamp *(lamp)*

**lampart** *(lahm-pahrt)* leopard *(le-perd)*

**latarka** *(lah-tahr-cah)* flashlight *(flaż-lait)*

**latarnia morska** *(lah-tahr-nee-ah/mohrs-kah)* lighthouse *(lait-haus)*

**latawiec** *(lah-tah-vee-etz)* kite *(kait)*

**ława** *(oo-ah-vah)* bench *(bench)*

**łokieć** *(woh-kee-ech)* elbow *(el-bou)*

**królik** *(kroh-leek)* rabbit *(ra-bit)*

**królowa** *(kroo-loh-vah)* queen *(kuin)*

**krzesło** *(sheh-soo-oh)* chair *(ćer)*

**krzyż** *(shehsh)* cross *(kros)*

**książka** *(kshosh-kah)* book *(buk)*

**księżyc** *(chehr-sehts)* moon *(mun)*

**ksylofon** *(xsee-loh-phon)* xylophone *(zai-lo-fon)*

**kucyk** *(koo-sehk)* pony *(po-ni)*

**kura** *(koo-rah)* hen *(hen)*

**kurczak** *(koor-chahk)* chicken *(ći-ken)*

**kwiat** *(kee-aht)* flower *(fla-uer)*

**kaczka** *(kahch-kah)* duck *(dack)*

**kadzidło** *(kah-chee-doo-oh)* incense *(in-cens)*

**kajak** *(kah-ee-ahk)* kayak *(kah-iak)*

**kaktus** *(kahk-toos)* cactus *(cac-ts)*

**kamera** *(kah-meh-rah)* camera *(ka-me-ra)*

**laurowy** *(lah-oo-roh-veh)* laurel *(lou-rol)*

**lawenda** *(lah-vehn-dah)* lavender *(lei-van-der)*

**ew** *(lehf)* lion *(la-ion)*

**lila** *(lee-lah)* lilac *(lai-lak)*

**limuzyna** *(lee-moo-see-nah)* limousine *(li-mu-sin)*

**linijka** *(lee-nee-kah)* ruler *(ru-ler)*

**lis** *(lees)* fox *(fox)*

**liść** *(lisch)* leaf *(lif)*

**łódka** *(wood-kah)* canoe *(ka-nu)*

**łóżko** *(oosh-koh)* bed *(bed)*

**kamień** *(kah-mee-ehn)* rock *(rock)*

**kamizelka** *(kah-mee-zehl-kah)* vest *(vest)*

**kanapa** *(kah-nah-pah)* sofa *(sou-fa)*

**kanarek** *(kah-nah-rehk)* canary *(ke-ne-ri)*

**kangur** *(kahn-goor)* kangaroo *(ken-ge-ru)*

**kantalupa** *(kahn-tah-loo-pah)* cantaloupe *(ken-ta-lop)*

**kapelusz** *(kah-peh-lush)* hat *(jat)*

**kapusta** *(kah-poos-tah)* cabbage *(ka-becz)*

**karate** *(kah-rah-the)* karate *(ka-ra-ri)*

**kask** *(kahsk)* helmet *(hel-met)*

**kciuk** *(kchook)* thumb *(zam)*

**kielich** *(kee-eh-lee-h)* goblet *(ga-blet)*

**kiełbasa** *(kee-oo-bah-sah)* sausage *(so-seć)*

**kiszony ogórek** *(kee-shoh-neh/oh-goo-rehk)* pickle *(pi-kol)*

**klatka** *(klaht-kah)* cage *(keicz)*

**liść klonu** *(leech/ kloh-noo)* maple leaf *(mei-pol/lif)*

**lizak** *(lee-zahk)* lollipop *(lo-li-pop)*

**lodówka** *(loh-doov-kah)* refrigerator *(re-fri-żi-rei-ror)*

**lody** *(loh-deh)* ice cream *(ais/krim)*

**lok** *(lohk)* lock *(lock)*

**lornetka** *(lohr-neht-kah)* binoculars *(bai-no-kiu-lars)*

**lód kostki** *(lood/kohst-kee)* ice cubes *(ais-kiubs)*

**lód łyżwy** *(lood/toosh-veh)* ice

**łuk** *(ook)* arc *(ark)*

**łyżka** *(oosh-kah)* spoon *(spun)*

**magazyn** *(mah-gah-zeen)* magazine *(ma-ga-zin)*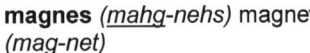

**magnes** *(mahg-nehs)* magnet *(mag-net)*

**magnolia** *(mahg-noh-lee-ah)* magnolia *(mag-no-lia)*

**malina** *(mah-lee-nah)* raspberry *(rasp-be-rri)*

**małpa** *(mah-oo-pah)* monkey *(mon-ki)*

**mamut** *(mah-moot)* mammoth *(me-moz)*

**mandaryn** *(mahn-dah-reen)* mandarin *(men-da-rin)*

**mangowiec** *(mahn-goh-vee-ehts)* mango *(mein-go)*

**mapa** *(mah-pah)* map *(map)*

**marchew** *(mahr-hehf)* carrot *(ke-*

# M

**maska** *(mahs-kah)* mask *(mask)*

**masło** *(mahs-oo-oh)* butter *(ba-rer)*

**meble** *(meh-bleh)* furniture *(for-ni-czur)*

**medal** *(meh-dahl)* medal *(me-dal)*

**meduza** *(meh-doo-zah)* jelly fish *(że-li/fiż)*

**melon** *(meh-lohn)* melon *(me-lon)*

**meteor** *(meh-teh-ohr)* *(mi-ri-or)*

**mewa** *(meh-vah)* gull *(goul)*

**mewa** *(meh-vah)* seagull *(si-gul)*

**mięso** *(mee-ehn-soh)* meat *(mit)*

**miotła** *(mee-oh-too-ah)* broom *(brum)*

**miód** *(mee-ood)* honey *(ha-ni)*

**mleko** *(m-leh-koh)* milk *(milk)*

**monitor** *(moh-nee-tohr)* monitor *(mo-ni-rer)*

**motyka** *(moh-tee-cah)* hoe *(hou)*

**motyl** *(moh-teel)* butterfly *(ba-rer-flai)*

**mrówka** *(mroof-cah)* ant *(ant)*

**mucha** *(moo-hah)* fly *(flai)*

**muszelka** *(moo-shehl-kah)* shell *(żell)*

**mydło** *(meed-oo-oh)* soap *(soup)*

**mysz** *(meesh)* mouse *(maus)*

# N

**nadajnik radiowy** *(nah-dah-ee-neek/rah-dee-oh-veh)* walkie-talkie *(ua-ki/tol-ki)*

**nadgarstek** *(nahd-gahrs-tehk)* wrist *(gruist)*

**nagietek** *(nah-gee-eh-tehk)* marigold *(me-ri-gold)*

**nagroda** *(nah-groh-dah)* award *(a-word)*

**namiot** *(nah-mee-oht)* tent *(tent)*

**naszyjnik** *(nah-shink)* necklace *(nek-leis)*

**niedźwiedź** *(nee-eh-chee-veech)* bear *(bear)*

**niedźwiedź polarny** *(nee-eh-she-deech/ poh-lahr-neh)* polar bear *(po-lar/beer)*

**niemowlę** *(nee-eh-moh-vleh)* baby *(bei-bi)*

**nietoperz** *(nee-eh-toh-pesh)* bat *(bath)*

**noga** *(noh-gah)* leg *(leg)*

**nos** *(nohs)* nose *(nous)*

**nosorożec** *(noh-soh-roh-shehz)* rhinoceros *(ra-i-no-ce-res)*

**notatnik** *(noh-taht-neek)* notebook *(nout-buk)*

**nożyce** *(noh-reet-zeh)* scissors *(si-sors)*

**nóż** *(nohsh)* knife *(knaif)*

# O

**oberżyna** *(oh-behr-she-nah)* eggplant *(egg-plant)*

**obłok** *(oh-boo-ohk)* cloud *(klaud)*

**ogień** *(oh-gee-ehn)* fire *(fa-ier)*

**ogórek** *(oh-goo-rehk)* cucumber *(kiu-kum-ber)*

**ogrodzenie** *(oh-grohd-zeh-nee-ah)* fence *(fens)*

**ogród** *(oh-grood)* garden *(gar-den)*

**okno** *(ohk-noh)* window *(uin-dou)*

**oko** *(oh-koh)* eye *(ai)*

**okulary** *(oh-koo-lah-reh)* glasses *(gla-ses)*

**okulary słoneczne** *(oh-koo-lah-reh/soo-oh-nehch-neh)* sunglasses *(san-gla-ses)*

**ołówek** *(oh-oo-vehk)* pencil *(pen-sol)*

**oprawiać** *(oh-prah-vee-ahch)* frame *(freim)*

**orchidea** *(ohr-he-dah)* orchid *(or-kid)*

**orzech** *(ohr-shehg)* nut *(nat)*

**orzech ziemny** *(ohr-sheg/she-ehmne)* peanut *(pi-nat)*

**orzeł** *(ohr-shehl)* eagle *(i-gol)*

**osa** *(oh-sah)* wasp *(wasp)*

**osioł** *(oh-shohl)* donkey *(don-ki)*

**ośmiornica** *(ohs-mee-ohr-nee-zah)* octopus *(ok-tu-pus)*

**owca** *(ohv-tah)* sheep *(żip)*

**owoc** *(oh-vohts)* fruit *(frut)*

**ozdoba** *(ohz-doh-bah)* bulb *(bolb)*

pajac *(pah-yahtz)* clown *(klaun)*

pająk *(pah-ee-óhnk)* spider *(spei-der)*

pajęczyna *(pah-ee-ehn-cheh-nah)* spiderweb *(spei-der-ueb)*

pajęczyna *(pah-eentch-nah)* cobweb *(kob-ueb)*

palec *(pah-lets)* finger *(fin-ger)*

palma *(pahl-mah)* palm *(palm)*

panda *(pahn-dah)* panda *(pan-da)*

pantera *(pahn-teh-rah)* panther *(pan-ter)*

paproć *(pah-prohch)* fern *(fern)*

papuga *(pah-poo-gah)* parrot *(pe-rrot)*

papużka *(pah-poosh-kah)* parakeet *(per-kit)*

papużki faliste *(pah-poos-kee/fah-lees-teh)* lovebirds *(lov-berds)*

parasolka *(pah-rah-sohl-kah)* parasol *(per-a-sol)*; umbrella *(am-bre-la)*

pasek *(pah-sehk)* belt *(belt)*

paszport *(pahsh-pohrt)* passport *(pas-port)*

patelnia *(pah-tehl-nee-ah)* skillet *(ski-let)*

paznokieć *(pahz-noh-kee-ehch)* nail *(neil)*

pecan *(pets-ahn)* pecan *(pi-can)*

pelargonia *(peh-lahr-goh-nee-ah)* geranium *(że-re-nium)*

pelicans *(peh-leet-sahns)* pelican *(pe-li-can)*

peruka *(peh-roo-kah)* wig *(uig)*

piec *(pee-ehts)* stove *(stouv)*

pieniądze *(pee-oh-nohn-zah)* money *(ma-ni)*

pierścień *(pee-ehrs-chee-ehn)* ring *(ring)*

pies *(pee-ehs)* dog *(dog)*

pięść *(peesch)* fist *(fist)*

pietruszka *(pee-eh-troosh-kah)* parsley *(pars-li)*

pigwa *(peeg-vah)* quince *(kuins)*

pinecone *(pee-net-soh-neh)* pinecone *(pain-con)*

pingwin *(peen-green)* penguin *(pen-guin)*

podziałka *(poh-she-ahdl-kah)* scale *(s-quel)*

pojedyncza deska *(poh-ee-dehn-chah/dehs-kah)* surf-board *(sorfh-bord)*

pojenie puszka metalowa *(poh-ee-eh-neh/poosh-kah/meh-tah-loh-vah)* watering can *(ua-de-ring/ken)*

pokojówka *(poh-koh-eeoof-kah)* maid *(me-id)*

polana kosiarka *(poh-lah-nah/koh-shee-ahr-cah)* lawn mower *(lan-mouer)*

pomarańca *(poh-mah-rahn-zah)* orange *(o-ranż)*

pomidor *(poh-mee-dohr)* tomato *(to-mei-ro)*

prezent *(preh-zehnt)* present *(pre-sent)*

prysznic *(preesh-neets)* shower *(ża-guer)*

przepiórka *(psheh-pee-ohr-kah)* quail *(kuel)*

psiarnia *(pshahr-nee-ah)* kennel *(ke-nol)*

pszczoła *(ps-troh-ah)* bee *(bii)*

ptak *(p-tahk)* bird *(berd)*

pudełko zapałek *(poo-dehl-koh/zah-pah-ooehk)* matchbox *(matż-box)*

puszka metalowa *(poosh-kah/meh-tah-loh-vah)* can *(ken)*

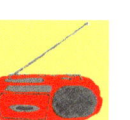

radio *(rah-dee-oh)* radio *(rei-dio)*

rakieta *(rah-kee-eh-tah)* rocket *(ro-ket)*

rakieta tenisowa *(rah-kee-eh-tah/teh-nee-soh-vah)* racket *(ra-quet)*

ramię *(rah-mee-ah)* shoulder *(żoul-der)*

rekin *(reh-keen)* shark *(żark)*

renifer *(reh-nee-fehr)* reindeer *(rein-dier)*

rentgenowski *(rehnt-geh-nohvs-kee)* X-ray *(ex-rey)*

ręcznik *(rehsh-neek)* towel *(ta-uel)*

rękawica *(reh-kah-vee-zah)* mitten *(mitn)*

rękawiczka *(reh-kah-vihch-kah)* glove *(glouv)*

robak *(roh-bahk)* worm *(guorm)*

robot *(roh-boht)* robot *(ru-bot)*

rosnąć *(rohs-noch)* mushroom *(maż-rum)*

rower *(roh-vehr)* bicycle *(bai-si-kol)*

rozgwiazda *(rohz-gee-ahz-dah)* starfish *(star-fiż)*

rożen *(roh-shehn)* barbecue *(bar-bi-quiu)*

róża *(roh-zah)* rose *(rous)*

ryba *(ree-bah)* fish *(fiż)*

ryś *(reesh)* lynx *(linkz)*

rzodkiewka *(shrohd-kee-ehz-kah)* radish *(ra-diż)*

**salamandra** *(sah-lah-mahn-drah)* salamander *(sal-a-men-der)*

**salata zielona** *(sah-lah-tah/sheh-eh-loh-nah)* lettuce *(le-rus)*

**samochód** *(sah-moh-hoot)* automobile *(au-ro-mo-bil)*

**samolotu** *(sah-moh-loh-too)* airplane *(eir-plein)*

**sandał** *(sahn-dahl)* sandal *(san-dl)*

**sanki** *(sahn-kee)* sled *(s-led)*

**schodek** *(s-hoh-dehk)* stair *(s-ter)*

**schody** *(s-hoh-deh)* escalator *(es-ka-lei-ror)*

**ser** *(sehr)* cheese *(ćiis)*

**serce** *(sehr-ceh)* heart *(hart)*

**serwetki** *(sehr-veht-kee)* napkins *(nap-kins)*

**siano** *(sheeah-noh)* hay *(hey)*

**siekany** *(chee-eh-kah-neh)* hamburger *(jam-bur-ger)*

**sito** *(she-toh)* strainer *(stri-ner)*

**skarpetka** *(skahr-peh-tah)* sock *(sock)*

**składanka** *(s-kooah-dahn-kah)* jig sag puzzle *(żig/sau/pa-zol)*

**skorpion** *(skohr-pee-ohn)* scorpion *(skor-pion)*

**skrzydła** *(sk-shree-doo-ah)* wings *(wings)*

**skrzynka pocztowa** *(shcreen-kah/pohs-toh-vah)* mailbox *(meil-*

**ślimak** *(shlee-mahk)* snail *(s-neil)*

**śliwka** *(sheev-kah)* plum *(plam)*

**taca** *(tah-zah)* tray *(trei)*

**taczki** *(tahcz-kee)* wheelbarrow *(guil-ba-rrou)*

**talerz** *(tah-lehsh)* plate *(pleit)*

**teczka** *(tehch- kah)* wallet *(ua-let)*

**skrzypce** *(shkreept-ceh)* violin *(va-io-lin)*

**słodki ziemniak** *(soo-ohd-kee/sheh-mee-ahk)* yam *(iam)*

**słonecznik** *(soo-oh-nehch-neek)* sunflower *(san-fla-uer)*

**słoń** *(soo-óhn)* elephant *(ele-fant)*

**słońce** *(soo-ohn-ceh)* sun *(san)*

**słowik** *(soo-oh-veek)* nightingale *(nai-tin-gel)*

**słój** *(soo-ee)* jar *(żar)*

**słuchawka** *(soo-hav-kah)* earphone *(ir-fon)*

**smok** *(s-mohk)* dragon *(dra-gon)*

**sok** *(sohk)* juice *(żuss)*

**sokołem** *(soh-kohl-em)* hawk *(hak)*

**sokół** *(soh-koo)* falcon *(fal-kon)*

**sos pomidorowy** *(sohs/poh-mee-doh-roh-vee)* ketchup *(ket-czop)*

**sosna** *(sohs-nah)* pine *(pain)*

**sowa** *(soh-vah)* owl *(aul)*

**spadochron** *(spa-doh-heh-rohn)* parachute *(per-a-żut)*

**śnieg** *(shnee-ehg)* snow *(s-nou)*

**tęcza** *(tehn-chah)* rainbow *(rein-bou)*

**telefon** *(teh-leh-phon)* telephone *(te-le-fon)*

**teleskop** *(teh-lehs-kop)* telescope *(te-les-cop)*

**telewizja** *(teh-leh-vee-see-ah)* television *(te-le-vi-żion)*

**spódnica** *(spoo-neet-za)* skirt *(s-kirt)*

**statek** *(stah-tehk)* ship *(żip)*

**stempel** *(stehm-pehl)* stamp *(stemp)*

**stodoła** *(s-toh-doh-ah)* barn *(barn)*

**stokrotka** *(stroh-koht-kah)* daisy *(dei-si)*

**stopy** *(s-toh-peh)* feet *(fiit)*

**stół** *(stou)* table *(tei-bol)*

**struś** *(stroosh)* ostrich *(os-trić)*

**strzała** *(s-trah-wah)* arrow *(erou)*

**sukienka** *(soo-kee-ehn-kah)* dress *(dress)*

**sweter** *(sveh-tehr)* sweater *(sue-rer)*

**szachy** *(shah-koo-eh)* chess *(ćes)*

**szakal** *(shah-kahl)* jackal *(ża-kol)*

**szalupa** *(szah-loo-pah)* boat *(bout)*

**szczeniak** *(shteh-nee-ahk)* puppy *(pa-pi)*

**szczur** *(sh-toor)* rat *(rat)*

**szkoła** *(skoh-lah)* school *(s-kul)*

**sznur** *(sh-noor)* rope *(roup)*

**szop** *(shohp)* raccoon *(ra-kun)*

**szorty** *(shohr-teh)* shorts *(żorts)*

**szpada** *(sh-pah-dah)* sword *(suord)*

**szpilka** *(shpeel-kah)* pin *(pin)*

**szufla** *(shoo-flah)* shovel *(ża-vol)*

**śrubokręt** *(shoo-boh-kreht)* scrudriver *(skru-drai-ver)*

**świeca** *(shvee-eht-zah)* candle *(ken-dol)*

**torebka** *(toh-rehb-kah)* bag *(bag)*

**torebka** *(toh-rehb-kah)* handbag *(hand-bag)*

**tort** *(tohrt)* cake *(keik)*

**toster** *(tohs-tehr)* toaster *(tous-ter)*

**trawa** *(trah-vah)* grass *(gras)*

**trąbka** *(trohb-kah)* horn *(horn)*

trąbka (trohb-kah) trumpet (trom-pet)

tren (trehn) train (trein)

truskawka (troos-kahph-kah) strawberry (stro-be-rri)

u- obracać się (oo/oh-brah-tah/chee-eh) u-turn (iu-tern)

ucho (oo-hoh) ear (i-ar)

wapno (vahp-noh) lime (laim)

wargi (vahr-gee) (oos-tah) lips (lips)

wazon (vah-zohn) vase (veis)

wąsy (vah-seh) moustache (mos-tech)

wąż (vahsh) snake (s-neik)

wełna (veh-oo-nah) wool (guul)

wentylator (vehn-tee-lah-tohr) fan (fen)

węgorz (vehn-gorsz) eel (iol)

wiadro (vee-ah-droh) bucket (ba-ket)

wiatrowskaz (vee-ah-trohs-kahz) weather vane (ue-der/vein)

widelec (vee-deh-lets) fork (fork)

wielbłąd (vee-ehl-bohnt) camel (ke-mol)

wieloryb (vee-eh-loh-rehb) whale (gueil)

zając (zah-ee-ohns) hare (jer)

zalesiać (zah-leh-see-ahch) forest (fo-rest)

zamek (zah-mek) castle (ka-sol)

zamek błyskawiczny (zah-mehk/buhs-kah-reech-neh) zipper (zi-per)

zawór (zah-voor) valve (valv)

## Ż

żaba (shah-bah) frog (frog)

żakiet (shah-kee-eht) jacket (ża-ket)

tukan (too-kahn) toucan (tu-quen)

## U

uderzać (oo-dehr-sahch) hammer (ha-mer)

ukulele (oo-koo-leh-leh) ukulele (io-ko-le-le)

## W

wieprz (vee-ehch) pig (pig)

wiewiórka (vee-eh-eeohr-kah) squirrel (skuerl)

wieża (vee-eh-shah) tower (ta-wer)

więzienie (vee-she-nee-eh) jail (żeil)

wilk (vilk) wolf (uolf)

winda (veen-dah) elevator (ele-vei-ror)

winna latorośl (vee-nah/lah-toh-roh-she) vine (vain)

winogrona (vee-noh-groh-nah) grapes (greips)

wiosło (vee-oh-soo-oh) oar (oiar)

wiśnia (veesh-nee-ah) cherry (će-rri)

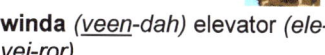

## Z

ząb (zahb) ooth (tuz)

ząb trzonowy (zahb/troh-noh-veh) molar (mou-ler)

zebra (zeh-brah) zebra (zi-bra)

zebu (zeh-boo) zebu (zi-bu)

zegar (zeh-gahr) clock (klok)

żaluzja (rah-loo-zee-ah) shutter (ża-rer)

żarówka (shah-roov-kah) light-bulb (lait-bolb)

żółw (shoov) turtle (tor-rl)

tunel (too-nehl) tunnel (ta-nol)

twarz (twash) face (feis)

tygrys (tee-grehs) tiger (taii-ger)

upominek (oo-peh-nee-mehk) gift (gift)

usta (oos-tah) mouth (mauz)

uzbroić (ooz-broh-eech) arm (arm)

włamywacz (goo-ah-meh-dahch) burglar (ber-gler)

wodospad (voh-dohs-pahd) waterfall (wa-der-fol)

wół (voo) ox (ox)

wózek (voo-zehk) wagon (wa-gon)

wróbel (wroo-behl) sparrow (spe-rrou)

wstążka (s-tohsh-kah) ribbon (ri-bon)

wstęga (s-tehn-ga) bandage (ban-desz)

wulkan (vool-cahn) volcano (vol-quei-no)

wydawać (vee-doh-vahch) yield (ield)

wyprasować (vee-prah-soh-vahch) iron (ai-ron)

wyspa (vees-pah) island (ai-land)

wznoszący (vees-noh-zoh-see) uphill (up-hil)

zegarek (zeh-gah-rehk) watch (uatć)

ziarno (yahr-noh) corn (korn)

ziemia (she-eh-mee-ah) earth (ert)

ziemniak (sheh-mee-ahk) potato

żyletka (she-leht-kah) razor (rei-zor)

żyrafa (she-rah-pha) giraffe (żi-raf)

## THE ALPHABET (di/al-fa-bet) — TEN ALFABET (tehn/ahl-phah-beht)

| | | |
|---|---|---|
| (ei) **A** (ah) | (żei) **J** (ee-oht) | (ar) **R** (ehr) |
| — **Ą** (ou) | (kei) **K** (kah) | (es) **S** (ehs) |
| (bi) **B** (beh) | (el) **L** (el) | — **Ś** (ehsh) |
| (zi) **C** (ceh) | — **Ł** (eh-oo) | (ti) **T** (teh) |
| — **Ć** (chee) | (em) **M** (ehm) | (iu) **U** (oo) |
| (di) **D** (deh) | (en) **N** (ehn) | (vi) **V** — |
| (i) **E** (eh) | — **Ń** (nn) | (do-bliu) **W** (voo) |
| — **Ę** (eoo) | (ou) **O** (oh) | (ec) **X** — |
| (ef) **F** (ef) | — **Ó** (oo) | (guai) **Y** (ee-grehk) |
| (żi) **G** (gee-eh) | (pi) **P** (peh) | (zi) **Z** (zeht) |
| (eić) **H** (hah) | (kiu) **Q** — | — **Ź** (shee-eht) |
| (ai) **I** (ee) | | |

## THE NUMBERS (di/nam-bers) — TEN LICZBY (tehn/leech-beh)

| | | |
|---|---|---|
| one (uan) | 1 | jeden (ee-eh-dehn) |
| two (ću) | 2 | dwa (drah) |
| three (tri) | 3 | trzy (trzeh) |
| four (for) | 4 | cztery (ch-teh-reh) |
| five (faiv) | 5 | pięć (pee-ehnch) |
| six (ziks) | 6 | sześć (sheh-eech) |
| seven (se-ven) | 7 | siedem (she-eh-dehm) |
| eight (eit) | 8 | osiem (oh-she-ehm) |
| nine (nain) | 9 | dziewięć (she-eh-veech) |
| ten (ten) | 10 | dziesięć (dee-shench) |

## THE COLORS (di/ko-lors) — TEN KOLORY (tehn/coh-loh-reh)

|  |  |
|---|---|
| red (red) | czerwony (chehr-voh-neh) |
| orange (o-ranż) | pomarańczowy (poh-mah-rahn-choh-veh) |
| yellow (ie-lou) | żółty (shoo-teh) |
| green (grin) | zielony (she-eh-loh-neh) |
| blue (blu) | niebieski (nee-eh-behs-kee) |
| purple (por-pol) | purpura (poor-poo-rah) |
| pink (pink) | różowy (roo-shoh-veh) |
| grey (grei) | szary (shah-reh) |
| black (blak) | czarny (chahr-neh) |
| white (guait) | biały (bee-ah-weh) |

## THE FAMILY (di/fa-mi-li) — TEN RODZINA (tehn/rohd-she-nah)

|  |  |
|---|---|
| father (fa-der) | ojciec (oh-ee-chehs) |
| mother (ma-der) | matka (maht-kah) |
| son (san) | syn (seen) |
| daughter (do-ra) | córka (toor-kah) |
| brother (bro-der) | brat (braht) |
| sister (ziz-ter) | siostra (shohs-trah) |
| grandfather (grand-fa-der) | dziadek (she-ah-dehk) |
| grandmother (grand-ma-der) | babcia (bahb-chee-ah) |
| grandson (grand-son) | wnuk (nook) |
| granddaughter (grand-do-ra) | wnuczka (nooch-kah) |

## THE DAYS OF THE WEEK
*(di/deis/of-di-guik)*

## TEN CZASY OD TEN TYDZIEŃ
*(tehn/chah-see/ohd/tehn/teed-she-ehn)*

Monday *(man-dei)*
Tuesday *(tius-dai)*
Wednesday *(guens-dei)*
Thursday *(ters-dai)*
Friday *(frai-dei)*
Saturday *(sa-rur-dai)*
Sunday *(san-dei)*

Poniedziałek *(poh-nee-eh-shah-lehk)*
Wtorek *(vtoh-rehk)*
Środa *(sh-roh-dah)*
Czwartek *(chahr-tehk)*
Piątek *(pee-ahn-tehk)*
Sobota *(soh-boh-tah)*
Niedziela *(nee-eh-sheh-lah)*

## THE MONTHS OF THE YEAR
*(di/monts/of/di/iar)*

## TEN MIESIĄCE OD TEN ROK
*(tehn/mee-shoh-ceh/ohd/tehn/rohk)*

January *(ża-nu-e-ri)*
February *(fe-bru-eri)*
March *(marć)*
April *(ei-prol)*
May *(mei)*
June *(żun)*
July *(żu-lai)*
August *(o-gost)*
September *(sep-tem-ber)*
October *(ok-toh-ber)*
November *(no-vem-ber)*
December *(di-zem-ber)*

Styczeń *(stee-chehn)*
Luty *(loo-teh)*
Marzec *(mahr-shehts)*
Kwiecień *(kree-chee-ehn)*
Maj *(mah-ee)*
Czerwiec *(chehr-vee-ehts)*
Lipiec *(lee-pee-ehts)*
Sierpień *(she-ehr-pee-ehn)*
Wrzesień *(vreh-she-ehn)*
Październik *(pah-she-ehr-meec)*
Listopad *(lees-toh-paht)*
Grudzień *(groo-shehn)*

## THE SEASONS
*(di/zi-zons)*

## TEN PORY
*(tehn/poh-ree)*

Spring *(es-pring)*
Fall *(fol)*
Summer *(sa-mer)*
Winter *(win-ter)*

Skakać *(s-kah-kahch)*
Jesień *(ee-shee-ehn)*
Lato *(lah-toh)*
Zima *(she-mah)*

CPSIA information can be obtained
at www.ICGtesting.com
Printed in the USA
LVIC06n1443291113
363225LV00016B/129